MAÑANITAS:
desayunos y rituales

MAÑANITAS:
desayunos y rituales

CLAUDIA POLO

BLASINA ROCHER

Obra editada en colaboración con Editorial Planeta – España

Idea original y autoras: Claudia Polo y Blasina Rocher
Textos y recetas: Claudia Polo
Ilustraciones: Blasina Rocher
Dirección de arte: Claudia Polo y Blasina Rocher
Fotografías: Claudia Polo y Blasina Rocher
Diseño gráfico: Marta Hernández
Para más inspiración: @blasinarocher y @soulinthekitchen

Bajo el sello editorial PLANETA M.R.
Avenida Presidente Masarik núm. 111,
Piso 2, Polanco V Sección, Miguel Hidalgo
C.P. 11560, Ciudad de México
www.planetadelibros.com.mx

Primera edición impresa en España en esta presentación: octubre de 2024
ISBN: 978-84-233-6554-8

Primera edición impresa en México: mayo de 2025
ISBN: 978-607-39-2739-0

Impreso en los talleres de Litográfica Ingramex, S.A. de C.V.
Centeno núm. 162–1, colonia Granjas Esmeralda, Ciudad de México
Impreso en México – *Printed in Mexico*

ÍNDICE

CARTA DE LAS AUTORAS

CLAUDIA POLO & BLASINA ROCHER

ːste libro que tienes entre tus manos es una oda al de-ayuno. A las mañanas lentas. A los primeros rayos de ol y almohadas. El pequeño esfuerzo de levantarse subir la persiana es una gran satisfacción cuando ompletas tu rutina, desayunas despacio y das co-ɩienzo a la jornada.

)esayunar es un primer paso para tener un buen día. ɿo solo porque te da energía real y saludable en for-ɩa de calorías, sino porque implica crear una rutina atisfactoria y agradable que te ayudará a empezar de ɔrma positiva. Si lo primero que haces al levantarte e la cama es una tarea completa, pensada y acabada ara ti (como prepararte un buen desayuno), ya co-ɩienzas con algo terminado, y tu cuerpo llevará ese ɔgro a lo largo de todo el día.

' es que desayunar es precioso y a nosotras nos en-anta. Prepararlo en silencio o con tu música para des-ertar, tu *bowl* de fruta, café recién hecho y los pies to-avía fríos. Es un primer paso que implica cuidarse. Jn primer regalo para ti misma. Es un «toma cuer-o, disfruta, que estos huevos están riquísimos y te van ayudar a tener energía toda la mañana, te quiero». 'repararte algo para ti y hacerlo de forma consciente y on cariño supone una forma preciosa de autocuidado.

ɩdemás, si esta primera comida es saludable y está ri-a, tienes ganas y fuerza para seguir en esa línea a lo ɩrgo de todo el día: cuidarte, comer rico, darte algún ustito, hacer ejercicio…

'or eso y por la luz que entra por la mañana en ca-a, este libro hablará de desayunos. De los de las siete de la mañana y de los de la una de la tarde con todas las ami-gas durmiendo en el sofá. Hablará de todos los desayunos e ilustrará los amaneceres. Hemos querido que este libro se convierta en parte de esa rutina. Que te inspire para hacer de tu mañana algo muy íntimo y único.

Hemos querido crear, más allá de las recetas, un ma-nual en el que puedas inspirarte, disfrutar de sus pá-ginas, crear según tus gustos y guiarte por tu instinto. Claro que encontrarás recetas, es impensable que no aparezcan las galletas o una explicación minuciosa so-bre cómo hacer avena cocida. Pero también hemos in-tentado hacer de esto una guía que te acompañe cada mañana y sea flexible.

Está estructurado en nueve capítulos donde se agrupan las recetas y elaboraciones en: *bowls y bebidas; pan tosta-do y sándwiches; huevos; crepas y hot cakes, pasteles y galle-tas; salados;* y *fruta.* Hay suficientes consejos, ideas, mez-clas e inspiración para volverte un poco loca y jugar con las páginas, probar cosas nuevas, combinar, quitar in-gredientes y poner otros. Te dejamos las recetas, pero esperamos darte también las herramientas para que las adaptes a tu ritmo. Al fin y al cabo, cocinas para ti, y solo tú sabes cuál es tu punto perfecto de sal.

Ahora es tuyo, hazlo propio. Nosotras esperamos que encuentres en las imágenes, en cada ilustración y en cada frase, la energía con la que deseamos que te le-vantes cada mañana.

Blasina Rocher
&
Claudia Polo

Antes de empezar

Un poco de organización en la despensa, algunas ideas para empezar el día y un par de consejos para hacer las compras.

Antes de empezar, te dejamos una pautas que pueden servirte de bas para establecer una buena relación co la comida, más conscient y reflexiva; algunos básicos par empezar a crear esa rutin y entender mejor tu cocina

Capítulo I

Básicos del desayuno y despensa

Una pequeña despensa es suficiente para desayunar variado, rico y saludable toda la semana. Nada de desayunos aburridos, ni galletas maría, ni cereales cubiertos de azúcar. Aquí vamos a hacerlo bien de verdad. Adoptar unas buenas costumbres es más fácil de lo que parece. De hecho, con dos rebanadas de pan integral tostado y un chorrito de aceite de oliva ya estamos haciéndolo mucho mejor.

Pero como esto es un libro de desayunos y se trata de ponerse creativos y disfrutar en la cocina, aquí vas a aprender un poco más.

La mejor manera de evitar productos poco saludables para ti y para el medioambiente es no comprarlos, en la medida de lo posible. Comer sano es mucho más cómodo cuando tienes el frutero lleno, alimentos ricos y reales en el refrigerador y algunos consejos para usarlos bien.

Y... *voilà*! Ahí va una lista con los ingredientes imprescindibles para un desayuno básico.

No tienes por qué tenerlos todos. Esta es una lista muy amplia que puedes ir adecuando a tus gustos y necesidades.

1. **Fruta.**
2. **Avena integral.**
3. **Buen pan.**
4. **Leche de vaca sin aditivos o bebida vegetal.**

Pero... ¿qué bebida vegetal comprar? Elige la que solo contiene agua, el ingrediente en concreto (soya, avena, almendra, arroz...) y sal.

5. **Frutos secos sin sal** (tostados o sin tostar): avellanas, almendras, nueces, nueces de la India, pistaches.

6. **Semillas**: pepitas de calabaza, pepitas de girasol, chía, linaza, ajonjolí…
7. **Café natural** (mucho mejor que instantáneo).
8. **Frutos secos**: arándanos, chabacanos, ciruelas, pasas, dátiles…

9. **Cremas de frutos secos**: crema de cacahuate, de almendras, de avellana… El único ingrediente debe ser el fruto seco, nada de aceites ni sal ni conservadores.
10. **Huevos**: en el capítulo «Huevos» está toda la información que necesitas para comprarlos y cocinarlos (pág. 104).
11. **Yogur**, kéfir, yogur vegano, *skyr*...
12. **Chocolate amargo.**
13. **Especias** como canela, jengibre, nuez moscada, cardamomo, pimienta... Con estas tienes para empezar, pero lo mejor es que elijas tus favoritas.
14. **Aceite de oliva** extra virgen.
15. **Queso** de calidad.
16. **Salmón ahumado, atún, jamón cocido** sin aditivos...
17. **Y los ingredientes que más te guste usar cada mañana.**

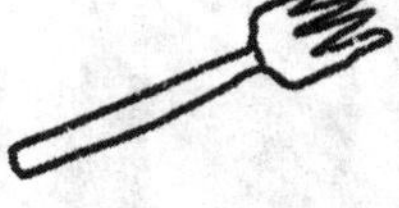

tazas
copa
avena
fruta
buen pan
chocolate negro
frutos secos
semillas

y + cosas bonitas!
boles
Infusiones
leche /
bebida
vegetal
pasas
especias
café y
cacao

Hacer as compras: la clave del éxito

donde comienza todo y la clave del éxito de tu de-uno y del de cualquier receta en general. Aunque importancia no reside únicamente en adquirir los gredientes necesarios.

mer va mucho más allá del acto de ingerir alimen-. Las decisiones que tomamos en lo que respecta uestra alimentación tienen un impacto ambiental, cial, cultural y económico. Hacer una buena compra cta positivamente a la conservación del medioam-nte, a la economía local, al mantenimiento de una tura y un patrimonio gastronómico propio y a la vida de productores y fabricantes. Al evitar productos ultraprocesados no solo le estás haciendo un favor a tu salud, sino que también estás reduciendo el uso de plásticos y envoltorios, las emisiones y los residuos generados durante el transporte hasta el supermercado y quitando poder a grandes multinacionales y *lobbies* de la alimentación al tiempo que apuestas por unos valores sinceros y éticos.

En las siguientes páginas te damos algunas ideas que pueden servirte para comprar mejor y de forma mucho más consciente.

TIP #1

Compra local

Intenta acudir a mercados, fruterías y negocios de tu zona. Evitar envoltorios y plásticos es mucho más fácil, apoyas al pequeño comercio local y de seguro encuentras productos de temporada.

TIP #2

Temporada

Los productos de temporada y locales son lo mejor. Están más sabrosos y ricos, los producen cerca de tu casa productores locales que viven de lo que les da su campo. Como se recolectan en su momento óptimo de consumo, suelen ser más baratos y, al no ser traídos desde el otro lado del mundo, contaminan menos durante su transporte; en consecuencia, conllevan menos envoltorios y residuos. Infórmate en internet de los lugares de tu ciudad donde puedes encontrarlos, es más accesible de lo que crees.

TIP #3

Utiliza bolsas

Lleva siempre una en tu bolsa o en la mochila, para las compras no planeadas. Cuando vayas a hacer las compras, puedes llevarte más bolsas de tela, frascos para comprar a granel e incluso recipientes para productos como embutidos, quesos, carne o pescado.

TIP #4

Antes de ir a comprar mira tu alacena y refrigerador. Qué te falta y qué necesitas para los próximos días. Es mejor invertir un poco de tiempo en hacer una lista que acabar comprando ingredientes que ya tenías en casa.

TIP #5

Intenta hacer una compra grande de productos que puedas almacenar, como cereales, harinas, frutos secos, pastas, semillas… y deja los más perecederos para el día a día.

Come

y r

r sano
co

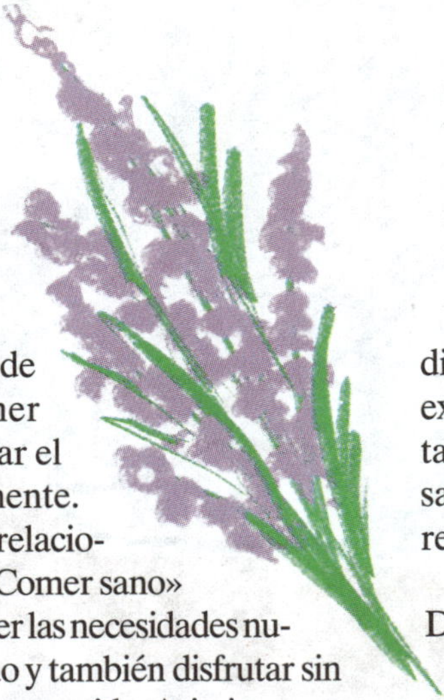

omer sano es una forma de da y no una dieta. Comer en debe servir para cuidar el erpo, pero también la mente. Comer sano» no debería relacio- rse con «perder peso». «Comer sano» bería contemplar satisfacer las necesidades nu- cionales de cada individuo y también disfrutar sin mordimientos de cualquier comida. Asimismo, com- ende una dimensión medioambiental: la alimentación be ayudar a mantener un planeta sano.

cuerpo necesita comidas ricas en verduras y fru- , legumbres, proteína y mucha agua, pero hay veces ie también necesita chocolate o un dulce, y es igual sano escuchar esa necesidad. Comer sano es cui- rse, cocinar por y para ti. Sanos son todos los ingredientes y alimentos que son naturales, sin procesar en exceso, elegidos en las cantidades y proporciones justas. Alimentos que, al elegirlos, mantienen una tierra sana, ecosistemas equilibrados y ayudan a agricultores del entorno y a la economía local.

De forma muy general, una dieta rica en verdura y fruta fresca; acompañada de hidratos de carbono, que prioriza los integrales y evita azúcares y harinas refinadas; grasas saludables, como el aceite de oliva, frutos secos, semillas y aguacate; y la ración de proteína animal de calidad o vegetal adecuada; no necesita mucho más para ser saludable.

En definitiva: ingredientes buenos, un poco de tiempo invertido en la cocina (y en tu salud) y querer mimarse y cuidarse por fuera y por dentro.

Trucos para organizar la semana

Una de las cosas que más cuesta cuando empiezas a cocinar en casa es la organización y planificación. Ese vértigo aterrador al abrir la alacena para ver qué cocinas hoy. Y la falta de tiempo, los excedentes de la comida del fin de semana, los alimentos en el refrigerador durante días (que sabes que acabarán en la basura), las comidas improvisadas… Parece que son puros inconvenientes. Sin embargo, mirando las cosas con un poco de perspectiva, conociendo qué hay en tu refrigerador, sabiendo qué días vas a comer en casa y algunos trucos para organizarte mejor, las cosas se ponen un poco más fáciles y claras. Además, desperdiciarás n nos comida, ya que no comprarás alimentos de má no se estropeará lo que tengas en el refrigerador.

Por las mañanas, el madrugar, las prisas para salir casa y la falta de ganas también suelen ser los mayo enemigos del desayuno. ¿Por dónde empezar? Te de mos seis pautas muy sencillas que te ayudarán a pric zar alimentos que van a echarse a perder, a planear compras o a almacenar alimentos para ahorrarte tie po y conservarlos mejor.

ES IMPORTANTE SABER QUÉ ESCONDE NUESTRA DESPENSA Y NEVERA EN LO MÁS HONDO DE SUS CAJONES. QUIÉN NO TIENE UNA COLECCIÓN DE PAQUETES DE HARINA Y AZÚCAR AL FONDO DEL ARMARIO O 4 MEDIOS LIMONES POCHOS EN LA ÚLTIMA BALDA. SABER QUÉ TENEMOS Y QUÉ NO NOS AYUDA A COMPRAR LO QUE NECESITAMOS, APROVECHAR MÁS EL ESPACIO Y TIRAR MENOS COMIDA

PUEDES DEDICAR UN DÍA A PREPARAR EL DESAYUNO DEL RESTO DE LA SEMANA. MEDIA HORA DE LA TARDE DEL DOMINGO PUEDEN SER 15 MIN MÁS DE DORMIR CADA MAÑANA SIN TENER QUE RENUNCIAR AL DESAYUNO

FIFO (FIRST IN, FIRST OUT) CONSISTE EN DEJAR LOS INGREDIENTES QUE HAS COMPRADO ANTES EN LA PARTE DELANTERA DE LA NEVERA Y LO NUEVO, AL FINAL. PRIORIZAS COMERTE LOS PRODUCTOS QUE SE ESTROPEARÁN ANTES Y SIEMPRE SABES LO QUE TIENES

REUTILIZAR BOTES DE CRISTAL PARA GUARDAR TUS PRODUCTOS SECOS (HARINAS, FRUTOS SECOS, AVENA...) EN VEZ DE TENER EL ARMARIO LLENO DE BOLSAS ABIERTAS. PUEDES PONERLES ETIQUETAS, HACER MEZCLAS DE FRUTOS SECOS O SEMILLAS... PUEDES USARLO TAMBIÉN A MODO DE TÁPER PARA GUARDAR COSAS EN LA NEVERA; VASOS DE AGUA, JARRONES O PARA HACER VINAGRETAS O SALSAS METIENDO TODOS LOS INGREDIENTES DENTRO Y AGITANDO (CON LA TAPA CERRADA)

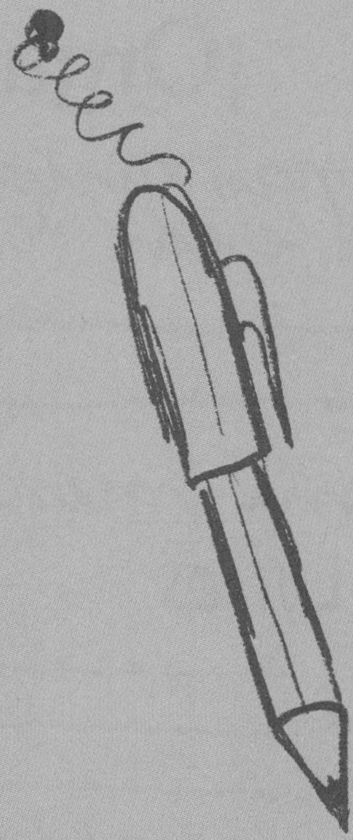

AUNQUE SIEMPRE ES MEJOR CORTAR LA FRUTA EN EL MOMENTO DE COMERLA, PUEDES PELARLA, TROCEARLA Y GUARDARLA EN TÁPERES UN PAR DE DÍAS EN LA NEVERA O CONGELARLA EN BOLSITAS REUTILIZABLES Y SACARLAS LA NOCHE DE ANTES PARA QUE ESTÉN PERFECTAS POR LA MAÑANA

LA MEJOR MANERA DE CONSERVAR EL PAN Y TENERLO ACCESIBLE SIEMPRE ES CONGELARLO CORTADO EN RODAJAS O PORCIONES INDIVIDUALES, POR LA MAÑANA, TOSTADORA Y LISTO. PUEDES TENER UN BOTE CON TOMATE RALLADO CON ACEITE Y SAL O PREPARAR ALGUNO DE LOS UNTABLES QUE HAY EN LA PÁGINA 229

¡Organiza la semana!

• productos que están de temporada:

• mi menú semanal:

LUNES

MARTES

MIÉRCOLES

JUEVES

VIERNES

SÁBADO

DOMINGO

mis citas:

• organizo mis compras:

* en casa me falta:

* se está a punto de gastar:

• mis caprichos:

mis notas:

Rituales & Costumbres.

Capítulo II

uenos días! Hay formas de empezar el día y for-
ıs de empezar el día. La que te despierta con ca-
ıo y te prepara para lo que viene luego es
que queremos mostrar aquí. El cuer-
es muy listo y si le enseñas a se-
ir un ritmo pausado cada mañana,
adapta y acaba despertándose con
ergía y ganas. Por eso es tan importan-
crear rituales o «rutinas» mañaneras.
ıa serie de pequeños pasos que te enfocan y
conectan contigo misma.

da una puede tener el suyo. Dependiendo del día,
tiempo del que dispones o de cómo te encuentras
ı mañana. Sin embargo, hay algunas pequeñas co-
que puedes hacer que te ayudarán a encontrar ese ritual perfecto. Acciones para limpiar mente y despejar cuerpo. Equilibrio. Intimidad. Cuidado. Salud.

Hacer *pause* y no lanzarse a por el día a 10 000 por hora parece difícil. A veces, es necesario levantarse un poco antes para poder sacar ese rato lento. Pero vale la pena y mucho. Nosotras te lo prometemos, y también varios estudios y libros que puedes contrastar. ¡Dormir bien y levantarse despacio es bienestar por vena!

Aquí hemos ilustrado nuestro ritual. Paso a paso lo que mejor nos sienta al despertarnos. Amanecer. Agua. Cuerpo. Mente. Y el desayuno al final. Ojalá te inspire y te ayude a crear el tuyo.

Amanecer

Comienza dejando entrar luz en el cuarto. Tu cuerpo funciona con el ciclo circadiano y no hay mejor manera de decirle que es hora de empezar que dándole luz solar.

Abre la ventana. Un poco de frío en la nariz y aire fresco en la cara.

Estira los brazos como en las pelis. Todos tus músculos llevan muchas horas parados y necesitan una pequeña llamada de atención para funcionar.

Y tiende la cama. ¿Te parece una tontería? Sí, pero va a ser lo primero que hagas en el día que esté bien. Un gesto sencillo como ordenar un poco tu habitación ordena también la cabeza.

Agua

El primer vaso de agua fresca por la mañana debería tener nombre propio. Qué rico. El agua limpia y purifica.

Por eso lavarse la cara o darte un baño rápido en cuanto despiertas te quita de encima todo lo que puede quedar de restos nocturnos.

Y además, como todo lo que queremos contarte aquí, es cuidado para ti, mimos en forma de crema, jabón y olores agradables.

Mente

Papel y pluma. Escribir pone en su sitio las cosas de dentro.

Las primeras ideas que tengas, recordar tu últim sueño o nombrar cosas que agradezcas esa mañana. O aprovecha si quieres para escribir tu prioridades, para organizarte y repasar lo que quieres hacer hoy.

Puede ser el momento perfecto para meditar un rato. ¿Velas que huelan bien, música relajante y 10 minutos para no pensar en nada? ¡Cada mañana, por favor!

Y si prefieres, toma un libro, pon la playlist *que creamos para despertarte cada día («Mañanitas: desayunos y rituales» en Spotify) o escucha un pódcast que te inspire.*

Cuerpo

Al igual que a la mente, puedes despertar a tu cuerpo.

Algunas, salen a correr al despertar, así toman impulso para todo el día. Hacer estiramientos o yoga es igual de válido. Ya seas de las que se levanta con la ropa de workout *puesta o de las que prefieren el saludo al sol, agradecerás durante todo el día esos minutos de movimiento.*

Presta atención a lo que te pide el body. *¿Que no tienes ganas de mover el trasero hoy? Pues ya lo harás mañana.*

O quizás el ejercicio temprano no es para ti, y eso también está perfectamente bien.

Desayuno

Y, cómo no, preparar y disfrutar tu desayuno es también parte de tu ritual. Elegir qué se te antoja, poner la mesa y comer tranquila.

Nos parece precioso preparar la mesa bonita ando tenemos tiempo. Elegir la vajilla, el mantel ue combine, poner flores. Comer en un espacio adable hace la experiencia de desayunar todavía más completa y especial.

El mejor regalo. El motivo esencial de este libro. A partir de aquí podrás leer, ver y aprender todas las formas de cocinar tu desayuno. Disfrútalas.

Hazlo bonito.

Inspiración, mesas y amaneceres

miel

VÍDEO

ROYAL

ROYAL
BAKING

BOWLS

Capítulo III

os desayunos de lagañas y maanas vagas. Cuando hay que ir a lase o a trabajar y las sábanas se egan y la cama es el lugar más onito y reconfortante del mundo. ero todo se supera, incluso marugar, de verdad.

sos despertares son en los que n desayuno rápido, energético y aludable nos enciende un poco or dentro y nos prepara para el ía que viene. Por mucho que leantarse y abrir el refrigerador pa- ezca a veces una odisea, cuidar tu cuerpo desde la mañana es la mejor manera de empezar a funcionar.

Para los días con prisa los mejores desayunos son los que se hacen rápido y realmente te nutren. Lo que vamos a desayunar casi todos los días de la semana debe ser completo, sano y, sobre todo, rico y variado.

Desayunos de *bowl*, para comer con cuchara y preparar prácticamente con los ojos cerrados.

1. BOWL DE FRUTA

YOGUR

RECETA PARA 1 *BOWL*

Un buen *bowl* de fruta, un yogur y cualquier cosa que tengas por casa y vaya bien con fruta y yogur. El básico de los básicos, pero siempre infalible.

Yogur natural, kéfir o *skyr*… Puedes optar por opciones veganas si lo prefieres, pero siempre busca aquellos alimentos que no tengan azúcares añadidos u otros aditivos.

INGREDIENTES: Frutas varias, yogur, frutos secos... ¡Cualquier cosa!

¡HAZLO A TU MANERA!

FRUTA: Puedes combinarla y variar como qui ras, pero recuerda que ¡estará siempre m cho mejor si la eliges en su temporada perfec Córtala en trozos, fresca (es como mejor manti ne sus nutrientes), salteada en el sartén con a gunas especias (la manzana, la pera o el pláta quedan genial así) o también puedes hacerla co tada en un *bowl* con film al microondas dura te 4 minutos para cocinarla.

AÑADE OTRA VARIEDAD DE INGREDIENTE QUE APORTEN HIDRATOS DE CARBON PROTEÍNAS Y GRASAS BUENAS: Avena int gral, frutos secos, arándanos deshidratados, p sas, orejones..., chía o linaza (hidratadas el d anterior tienen más nutrientes disponibles), c nela, cacao, jengibre, crema de avellanas, alme dras, nueces, cacahuate o *tahini*. Pueden ser c seras o compradas, pero que únicamente teng el fruto seco como ingrediente y/o sal, polen abeja, nibs de cacao...

Estos ingredientes puedes comprarlos a gran y almacenarlos en frascos de cristal, en mezcl preparadas para añadirlas directamente al *bo*

GRANOLA 2.

RECETA PARA UNOS 500 G

Es un complemento crujiente y completo para cualquier *bowl*. Esta es una receta de granola casera para cuando le quieras dar un toque más dulce. Es adictiva y antes de que te des cuenta tocarás el fondo del frasco.

INGREDIENTES: 3 tazas de avena, 1 taza de hojuelas de maíz sin azúcar, ½ de trigo sarraceno, ½ de salvado de avena, ½ de nueces, ½ de avellanas, ½ de pepitas de calabaza, ½ de semillas de girasol, ½ de ajonjolí, ⅓ de taza de aceite de oliva extra virgen, ½ de taza de miel, 1 clara de huevo batida y un *mix* de especias: canela, jengibre, nuez moscada, cardamomo, pimienta negra, clavo, sal.

¡TIP!

LOS INGREDIENTES BÁSICOS SON LAS HOJUELAS DE AVENA Y MAÍZ, EL ACEITE, LA MIEL Y LA CLARA DE HUEVO. EL RESTO PUEDES COMBINARLOS A TU GUSTO, SEGÚN LO QUE TENGAS EN CASA.

1. Empieza precalentando el horno a 130 °C con calor arriba y abajo.

2. Mezcla todos los ingredientes secos, añade el aceite y la miel y mezcla todo bien. Luego la clara batida, una cucharadita de sal, las especias que te gusten y termina de mezclar.

3. En una bandeja de horno forrada con papel de horno, extiende la pasta. Hornea durante 30 minutos, saca la bandeja y remueve la granola, vuelve a extenderla y 20 minutos más.

4. Déjala enfriar (sé que la impaciencia y las ganas de comerse la bandeja entera lo ponen difícil, pero puedes hacerlo) y luego rompe en trozos la granola.

Para conservarla ponla en un frasco de vidrio hermético y guárdala en un lugar seco. Dura perfectamente dos semanas, aunque de seguro no hace falta que lleves la cuenta.

3. AVENA COCIDA CON PLÁTANO A LA PLANCHA

ETA PARA 1 RACIÓN

ayuno relajado que da consuelo al alma. leva un poquito más de tiempo (3 minutos no te asustes), pero de verdad que después omerlo se empieza a encender algo por den- los efectos revitalizantes aparecen poco a conforme se vacía el *bowl*. Porridge Radio grupo que tiene que acompañar a la receta. *ery Bad* su disco más certero.

¡TIP!

PUEDES HACER MÁS CANTIDAD Y GUARDARLO EN UN RECIPIENTE EN EL REFRIGERADOR PARA RECALENTARLO POR LA MAÑANA CON UN POCO DE LECHE.

REDIENTES: 30 g de avena integral (unas 3 aradas), 350 g de leche de avena (o leche en- u otra leche vegetal), una pizca de sal, cane- plátano.

alienta la bebida de avena con las hojuelas has- e hierva. Ve removiendo para que no se pe- nientras espesa (unos 3-4 minutos). Añádele oquito de sal y de canela antes de retirar y de- posar un poco. La textura tiene que ser pasto- unque depende un poco de cómo te guste más.

n un sartén caliente haz el plátano cortado odajas un par de minutos por cada lado (has- e se dore y quede blandito).

rvelo en un *bowl* con unos frutos secos, tahi- unos arándanos deshidratados.

es el formato más básico. Le puedes poner encima otros aderezos como fruta, purés, s secos... También puedes usar distintos in- ientes, aquí hay algunas combinaciones, pe- révete a probar con tus sabores favoritos.

- De chocolate: añadiendo una cucharada de cacao amargo en polvo y/o dos onzas de chocolate amargo. Esta combinación es perfecta con el plátano a la plancha, crema de cacahuate, fresas o frutos rojos.
- De frutos rojos: añadiendo un puñado de frutos rojos (congelados o frescos) al principio, en el cazo junto con la avena y la bebida de avena.
- Con chía: con una cucharada junto con la avena es suficiente. Le da una textura más cremosa y le aporta muchos nutrientes interesantes.
- De calabaza: añade dos cucharadas de calabaza naranja asada triturada al empezar a cocinarlo. Es una avena muy para días grises y canción triste. Con un poco de canela, nuez moscada y unas nueces es el mejor desayuno para las mañanas de otoño.
- De arroz: puedes usar arroz en vez de avena e ir removiendo, como si hicieras un arroz con leche, pero sin azúcar. Tarda bastante más en hacerse, unos 20 minutos, pero puedes prepararlo el día de antes.

Como habrás podido comprobar, es un desayuno más elaborado, pero tiene el 100 % de garantía para ser un muy buen desayuno.

¡TIP!

¡CÓMELO CALIENTE! Y PRUEBA A ECHARLE UN CHORRITO DE ACEITE DE OLIVA EXTRA VIRGEN.

4. PURÉ DE MANZANA

RECETA PARA UNAS 10-12 PERSONAS

Básico de invierno, por ser la temporada de la manzana y cuando más fríos se quedan los pies. Una vez que empieza a hervir en la olla, toda la casa huele a maravilla invernal. Si guardas un recipiente en el refrigerador, podrás añadirlo a cualquier desayuno.

INGREDIENTES: 2 kg de manzanas (prueba distintas variedades de manzana, una buena opción es golden y fuji, para que el dulzor esté equilibrado y tenga distintas texturas), 1 rama de canela, 1 anís estrellado, 1 trocito de jengibre pelado (o media cucharadita en polvo), 1 cucharadita de clavo en grano (o media molido), ½ cucharadita de nuez moscada y ½ cucharadita de cardamomo molido.

¡TIP!

GUÁRDALA EN EL REFRI EN UN FRASCO GRANDE DE CRISTAL O EN UN TÁPER HASTA DOS SEMANAS.

1. Pela y trocea las manzanas y colócalas en un
con las especias con el fuego bajo. Con la tapa
da ve removiendo para que no se pegue la par
abajo. Puedes echar un poquito de agua al p
pio para que no ocurra. Poco a poco la manza
a ir soltando su propia agua y se empezará a
Sigue removiendo de vez en cuando y rompe lo
zos si son muy grandes con una cuchara.

2. Media hora después estará hecha, con
zos todavía sin deshacer, pero puedes segui
cinándola hasta conseguir la textura que m
guste (cuanto más tiempo, más deshecha y
ce).

Cómela caliente, en un pan tostado, con yo
avena cocida… puedes ponerla en tus *hot ca*
acompañando a un pollo asado. O a cuchar
Es medicina acogedora para curar males co
modorra o el remoloneo.

1

2

3

4

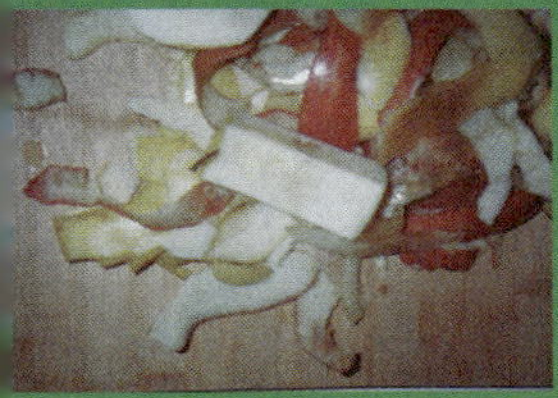

5

6

7

8

9

10

11

12

13

14

15

16

¡DISFRUTA DEL PROCESO!

5. CREMA DE CHOCOLATE Y AVELLANA

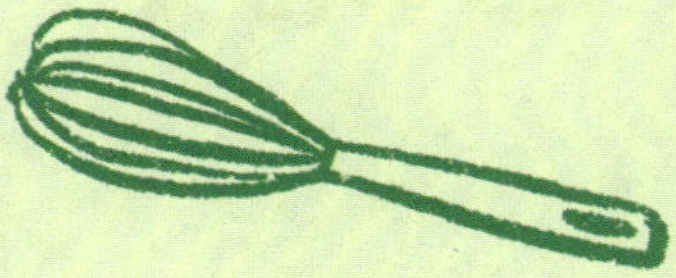

ETA PARA UN RECIPIENTE DE 200 ML

tella? ¿Vegana? Sí, todo eso. Y además, ísima. Sobre cualquiera de los *bowls* de es- apítulo es el toque perfecto. Y a cucharadas condidas tiene el poder de convertirte en de nuevo.

REDIENTES: 250 g de avellanas tostadas, de aceite de oliva extra virgen, 2 cucharadas acao amargo en polvo y 1 cucharada de miel.

¡TIPS!

SI SE TE CORTA, PUEDES AÑADIR UN POCO DE LECHE O BEBIDA VEGETAL Y TRITURAR DE NUEVO.

1. En un procesador de alimentos tritura las avellanas hasta que se haga una crema líquida y brillante. Tendrás que ir bajando con una espátula la que se queda en las paredes. Cuidado, no tritures más tiempo, puede cortarse.

2. Añade el aceite de oliva poco a poco mientras sigues triturando. Viértelo en forma de hilo para que se incorpore.

3. Incorpora el cacao y la miel y termina de mezclar todo. Puedes añadir un poco más de miel si te gusta más dulce.

4. Guárdala en un recipiente hermético en la despensa. Dura varias semanas.

SI QUIERES EL SABOR AUTÉNTICO A NUTELLA, AÑADE UNA CUCHARADA DE LECHE EN POLVO.

Bebidas: Capítulo IV

Café

Preparar café por la mañana es hacer un conjuro o una pócima mágica para atraer cosas buenas y energía vibrante para el resto del día. Para preparar esta poción mágica hay que seguir estos pasos:

1. Saca el café del refrigerador, es dónde mejor conserva todas sus propiedades extraordinarias metido en un recipiente hermético.

2. Calienta el agua que vayas a usar.

3. Huele el café con los ojos cerrados y nota cómo empieza a surtir efecto en todas las células del cuerpo.

4. Prepara la caldera donde quieres preparar la poción. Aquí puedes ver cuáles son las más recomendadas: cafetera italiana, cafetera de f (V60), cafetera francesa y exprés.

5. Haz tu propio café. Para seguir otros efectos puedes dir un poco de canela mo semillas de cardamomo o de cacao, ¡estará riquísimo!

6. Intenta que la pócima se pre durante el tiempo adecuado, cada tiene sus indicaciones y hay que c cerlas previamente para que lo sultados sean perfectos.

7. Tómalo caliente. Añadirle leche bidas vegetales no afecta a sus propiedade beberlo, notarás inmediatamente los efectos gicos de la pócima en tu cuerpo.

Infusiones

Hay muchas opciones en el mundo de las infusiones. Además de tés, rooibos e infusiones compradas, también puedes prepararlas en casa con ingredientes de tu despensa. Aquí tienes algunas combinaciones (las medidas son para preparar una taza y el agua debe estar entre 90-95 °C):

1. ¼ de cucharadita de cúrcuma en polvo y el jugo de ½ limón.

2. Un trocito de jengibre fresco pelado, una cucharada de bolas de manzanilla. Vierte el agua hirviendo, espera 4 minutos y cuela.

3. Jugo de ½ naranja, ¼ de cucharadita de canela o una rama de canela, una cucharadita de miel y 4 hojas de menta. Vierte agua hirviendo.

4. Aplasta una cucharada de arándanos en un *bowl*, una cucharada de jengibre fresco rallado y tres hojas de albahaca. Añade el agua hirviendo y, tras 4 minutos, finalmente cuélalo.

5. El jugo de medio limón y, para acabar, ¼ cucharadita de canela y una pizca de cayena.

Licuados

na manera muy rápida de meter tu desayu-
n un solo vaso. Puedes incluso prepararlo el
le antes si por la mañana vas a ir con muchas
s, aunque siempre es mejor recién hecho.

centrados de energía y color, puedes usar la
que esté un poco más blanda, aprovechar
e tienes en casa e ir probando combina-
s nuevas todos los días. Para que todos tus
dos sean perfectos, aquí tienes agrupados
gredientes según sus propiedades:

idos: Leche de vaca, bebida vegetal, kéfir,
r líquido, agua y jugo natural.

dar el sabor, vitaminas, fibra y minerales:
, espinacas, aguacate, chía y linaza.

dar energía: Avena, crema de frutos secos,
es de la India, tahini y crema de cacahuate.

dar cremosidad: Plátano, aguacate, yogur
o, fruta congelada, cremas de frutos secos.

dar dulzor: ¡La propia fruta!, dátiles, pa-
miel.

aportar un toque especial: Prueba con
la, cacao, jengibre, cardamomo, albahaca,
a y hierbabuena.

Así puedes mezclar los ingredientes sabiendo cómo actúan en tu licuado. Para empezar, algunas combinaciones deliciosas para un vaso grande:

1. Un vaso de frutos rojos congelados, dos cucharadas de yogur, medio vaso de jugo de naranja, 1 cucharada de crema de almendras.

2. Un vaso de arándanos, medio vaso de leche, 1 cucharada de yogur griego, 2 cucharadas de limón, 1 cucharada de miel y 1 cucharada de hojuelas de avena.

3. ½ manzana verde, ½ aguacate maduro, 1 puñado de espinacas, ½ vaso de agua, 1 cucharada de miel.

4. ½ mango, ½ vaso de kéfir, 3 hojas de menta, ½ plátano congelado y 1 rodaja de piña congelada.

5. 1 plátano congelado, 1 cucharada de cacao en polvo, 1 vaso de bebida de avena, un café exprés y una pizca de sal.

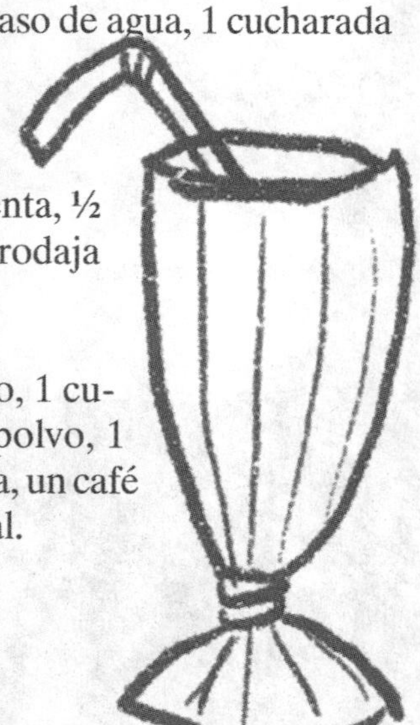

Bebida de avena

RECETA PARA 1 LITRO

Comprar una buena bebida de avena en tetrabrik está bien. Si no tiene azúcar añadido, espesantes y otros añadidos innecesarios y además es de una marca nacional, es una opción muy correcta. Pero ¿y lo increíble que es sacar de un puñado de avena un líquido espeso y dulcito para tus cafés mañaneros? Haciéndola una sola vez, entenderás cuál es el proceso, qué subproducto tiene, cómo te gusta más… Y una vez que le agarres el modo, puedes probar a hacerla con otros ingredientes como arroz, soja o almendras.

INGREDIENTES: 1 taza de avena, 4 tazas de agua, 1 cucharada de miel (opcional), ½ cucharadita de sal.

1. En un procesador de alimentos coloca todos los ingredientes. Tritura durante 45 segundos, pero más no, porque puede acabar con una textura demasiado elástica.

2. Prepara un recipiente de 1 l, pon un colador y paño fino y limpio de algodón. Vierte la mezcla estrujando para colar el líquido. Cuesta un poco bates bastante las manos, pero es fácil.

3. Una vez está todo el líquido colado prueb ver qué tal está de sabor, si le falta un poco de dulzor o sal. Puedes añadirle más agua parece muy espeso. La tienes ya lista. Guár en el refrigerador en una botella cerrada dura una semana máximo.

¡TIP!

PRUEBA A HACER LA AVENA COCIDA CON ESTA BEBIDA.

Chocolate caliente especiado

ECETA PARA 2 TAZAS

ando se juntan las variables domingo, in-
rno, lluvia y ganas de manta y mimos, es-
receta de chocolate caliente es el acom-
ñante inevitable. Mientras suena
desa, que enciende el alma.

GREDIENTES: 500 ml de leche o be-
la vegetal, 1 cucharada de azúcar mo-
na, 2 cucharadas de cacao en polvo,
g de chocolate amargo, cardamomo, ca-
la, cayena molida y sal.

1. En un cazo calienta la leche o bebida vegetal. Añade el cacao, el azúcar y el chocolate picado.

2. Cuando estén disueltos los ingredientes, añade 3-4 vainas de cardamomo abiertas, una pizca de sal, un poquito de cayena y un poco de canela.

3. Deja cocer todo durante unos 5 minutos sin parar de remover a fuego medio. Retira el cardamomo y sírvelo caliente.

HUEVOS

CAPÍTULO V

Esto puede parecer una tontería, pero sí existe la manera de cocinar un huevo perfecto. Las pautas para hacerlo son simples, pero el resultado es tan sobresaliente que vale la pena explicarlas. Es uno de los alimentos con más formas diferentes de ser cocinado, se obtienen texturas y formas muy variadas y todas ellas maravillosas. Así que aquí van algunas páginas sobre huevos mañaneros.

Antes de comprar huevos está bien saber algunos consejos. Los huevos, cuanto más frescos, mejor. Para saber si un huevo está fresco puedes meterlo en un vaso con agua, si flota es viejo; o abrirlo, los huevos frescos apenas se extienden, se quedan más recogidos.

Pero... ¿qué huevos elegir? Siempre hay que ner en cuenta la procedencia y el tipo de cría las gallinas. Y precisamente, los números y letr que hay en la cáscara indican exactamente eso. primer número indica el tipo de cría, que se di de en 4 grupos:

(0) Orgánicos: gallinas con acceso al exterio alimentación orgánica.

(1) De campo: gallinas con acceso al exterior (m nos m^2) y alimentadas con granos tradicional

(2) De piso: gallinas criadas en una nave cerra y que comen pienso.

(3) De jaula: gallinas criadas en jaula que com pienso.

Los dígitos siguientes indican la localización y granja en la que se han producido.

1

HUEVO POCHADO

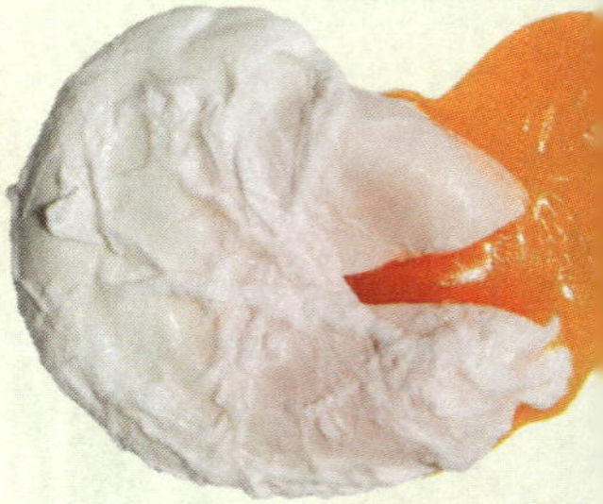

2

HUEVO COCIDO 9 min

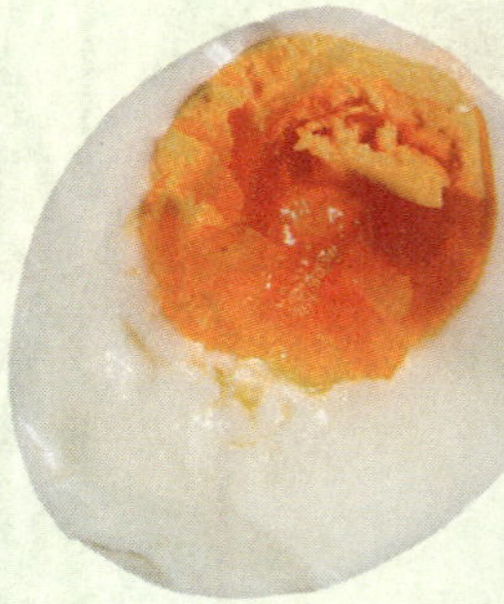

3

HUEVO COCIDO 7 min

4

HUEVO COCIDO 5 min

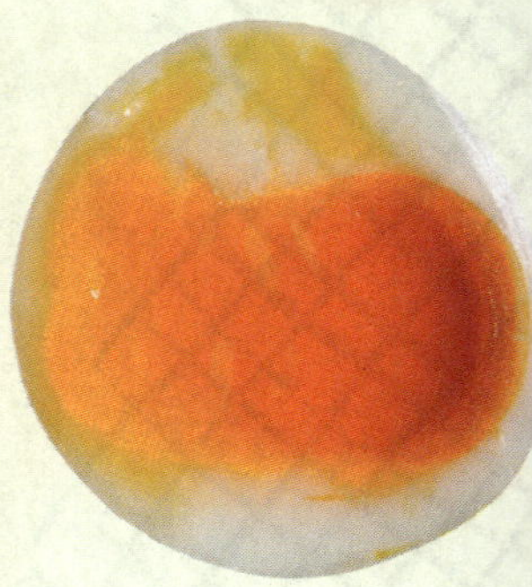

5

HUEVO A LA PLANCHA

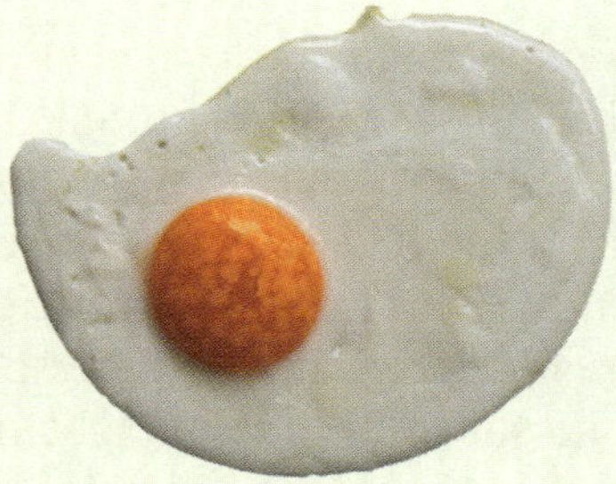

6

HUEVO ESTRELLADO

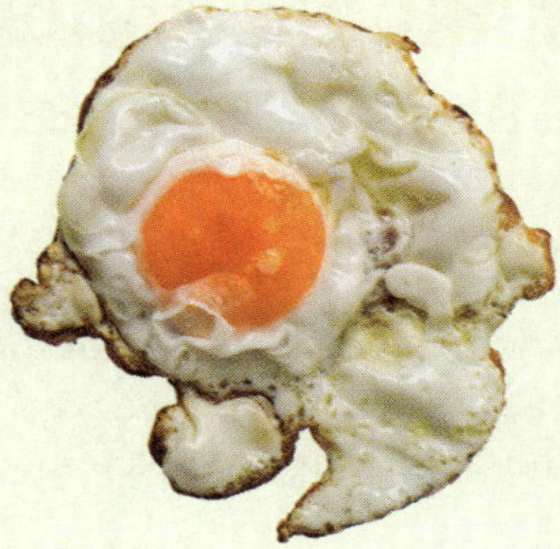

7

HUEVOS REVUELTOS

8

OMELETTE

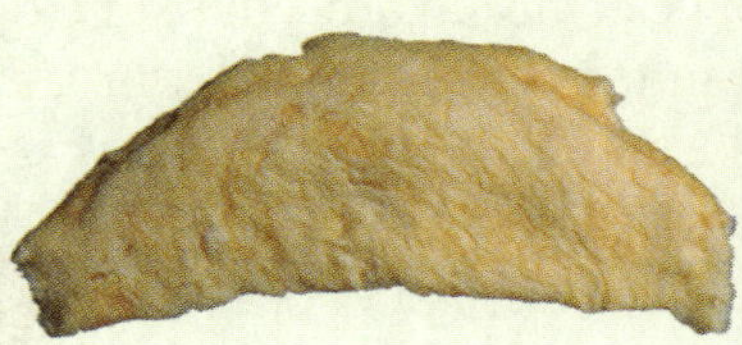

1 HUEVO POCHADO

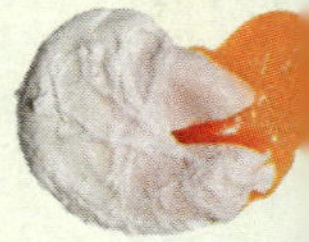

Es importante que los huevos sean frescos. Calienta agua en una cacerola. Echa una cucharada de vinagre blanco y otra de sal. Cuando hierva, baja el fuego para que no haya burbujas. Rompe un huevo sobre una taza y, usando una cuchara, remueve el agua formando un pequeño remolino en el centro. Vierte el huevo en el centro, casi hundiendo la taza. Déjalo durante 3 minutos y sácalo con una espátula. Prueba tocando con un dedo la clara, tiene que estar firme pero blandita. Deja el huevo en un papel de cocina y sécalo con cuidado. Cómelo inmediatamente, con aceite y sal, mostaza, un pan tostado con aguacate o unos espárragos al vapor.

2 HUEVO COCIDO 9 min

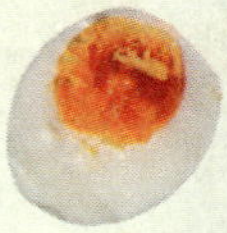

Echa el huevo al agua hirviendo. Baja un poco el fuego y pon el temporizador durante 9 minutos. Pasado este tiempo saca el huevo y colócalo en un recipiente con agua y hielo o ponlo en un *bowl* bajo la llave con agua fría. Queremos cortar la cocción, para que no siga haciéndose y sea más fácil pelarlo. Aplasta el huevo por toda la superficie, quita la cáscara y cómetelo con aceite y sal, mayonesa o mostaza. La yema queda cocida, pero todavía cremosa, y la clara completamente coagulada.

3 HUEVO COCIDO 7 min

Echa el huevo al agua hirviendo y baja un poco el fuego. Pon 7 minutos en el temporizador; transcurrido el tiempo, pasa el huevo por agua fría o ponlo en un *bowl* con agua y hielo. Aplasta el huevo por toda la superficie, pélalo y cómetelo recién hecho, con un poco de aceite, en un pan tostado, con aguacate…

4 HUEVO COCIDO 5 min

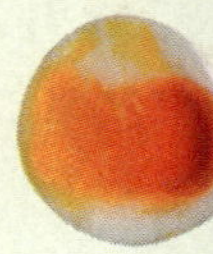

Sigue el mismo procedimiento que los dos anteriores, pero poniendo cinco minutos en el temporizador. Al pelarlo ten más cuidado, porque la clara está más blandita.

¡TIP!

ROMPE BIEN TODO EL HUEVO, QUE QUEDE TODA LA CÁSCARA EN TROCITOS PEQUEÑOS, TE SERÁ MUCHO MÁS FÁCIL PELARLO.

5 HUEVO A LA PLANCHA

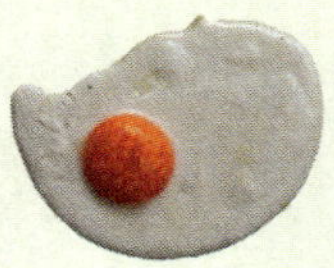

ılienta un sartén a fuego medio y luego echa unas gotitas de aceite. ›mpe un huevo, échale sal y pimienta encima y espera a que la clara se nga blanca. El huevo a la plancha se hace sin aceite y a fuego medio/bajo ra que no se dore ni quede crocante.

¡TIP! NO TOQUES EL HUEVO HASTA SACARLO. CÓMELO CON UN PAN TOSTADO, CON JITOMATE, UN POCO DE JAMÓN O CON ESPÁRRAGOS VERDES.

6 HUEVO ESTRELLADO

diferencia de su compañero a la plancha, el huevo estrellado se hace con ɜite y fuego fuerte, para conseguir una base crocante y tostada. Calienta el ·tén a fuego alto, añade un buen chorrito de aceite y cuando esté caliente ɪnpe el huevo. Echa sal y pimienta encima y espera hasta que la clara se elva blanca. Ve echando el aceite caliente del sartén sobre las claras con a cuchara.

¡TIP! NO TOQUES EL HUEVO HASTA QUE ESTÉ HECHO.

7 HUEVOS REVUELTOS

.te 2 o 3 huevos. Quedan mejor si hay más cantidad en el sartén. Bátelos ıy bien, sin que quede clara suelta, échales una pizca de sal y viértelos en sartén antiadherente. A fuego muy bajo ve removiendo sin parar con una ɔátula (las de silicona van perfectas). Tardan 10-15 min. La clave es que lleguen a cuajar como un *omelette*, sino que, removiendo y con el fuego ı bajo, se espesen y queden supercremosos. Si se hace como *omelette* r abajo, remueve bien sin parar. Y justo antes de que parezca que están ·chos, los sacas del fuego y sigues removiendo. Cómetelos recién hechos, ıos, con un poco de pan, aguacate, queso o unas verduras.

8 *OMELETTE*

ıte tres huevos en un *bowl* con un poco de sal. Pero bátelos muy bien. ılienta un sartén antiadherente pequeño (de unos 15 cm de diámetro). :ha una cucharada de aceite y extiéndelo por el sartén. Cuando esté stante caliente vierte el huevo y con una espátula ve revolviendo, como si :uvieras haciendo huevos revueltos. Cuando esté bastante cremoso y casi agulado deja de remover y enrolla el *omelette* ayudándote de la espátula. calo del sartén y cómetelo recién hecho.

HUEVOS CON JITOMATE

RECETA 1

RECETA PARA 2 PERSONAS

Con cuchara, un buen trozo de pan y pimienta cayena molida. Esta forma de hacer los huevos hace que quede el plato muy jugoso y acogedor, perfecto para compartir. También sirve para utilizar los restos de un guisado en el refrigerador, juntar las verduras que haya en casa y disfrutar de un desayuno tardío improvisado.

INGREDIENTES: 2 jitomates pera, 200 g de jitomate triturado, ½ pimento morrón rojo, ½ cebolla, 1 diente de ajo, 50 g de maíz, 2 huevos, aceite de oliva extra virgen, sal y pimienta.

1. Pica la cebolla, los jitomates pelados y el p miento morrón en trozos pequeños. Pica ta bién muy pequeñito el diente de ajo.

2. En un sartén a fuego medio pon dos cuch radas de aceite y sofríe todo hasta que esté bi guisado (unos 10-15 minutos aprox.). Añade y pimienta.

3. Echa el jitomate triturado, mezcla bien y pru ba de sal. Cocina durante 10 minutos y posterio mente añade el maíz.

4. Haz dos huecos en el guisado, rompe los hu vos y pon una tapa. Cocina todo 5 minutos ha ta que la clara esté bien cocida y sírvelo en momento con un poco de pan, queso y tu sa picante favorita.

OMELETTE DE HONGOS Y PAPA

RECETA 2

:CETA PARA 3-4 PERSONAS

›mo una tortilla, pero para vagas y torpes. Al tener que darle la vuelta, todo el riesgo que iste en la elaboración de una tortilla desapa-:e. Pero sigue manteniendo la posibilidad de ar los ingredientes que quieras y se hace en momento. Y además Giorgio Poi sonando el maridaje perfecto. Así que todo a favor de *frittata*.

GREDIENTES: 4 huevos, 100 g de champiño-s, 75 g de setas, 75 g de hongos mixtos (como rtobello)…, ½ cebolla, 1 papa, pimienta, acei-de oliva extra virgen, sal y tomillo.

1. Corta las papas en rodajas y la cebolla picada pequeña.

2. En un sartén con 3 cucharadas de aceite cocina la cebolla y la papa hasta que estén blandas. Echa un poco de sal y pimienta.

3. Corta las setas, la papa y los champiñones y añádelos al sartén. Cocina todo bien a fuego fuerte hasta que esté bien cocido (10 min). Saca del fuego.

4. En un *bowl* bate los huevos con un poco de sal y de tomillo.

5. Calienta un poco de aceite en un sartén y añade el huevo. Coloca las setas, la papa y la cebolla encima, cubriendo toda la superficie, pon una tapa al sartén y cocina hasta que el huevo esté bien cocido.

HUEVOS TURCOS

RECETA 3

RECETA PARA 2 PLATOS

Yogur, sal y ajo. Suena raro, sí. Pero sabe increíble. El huevo pochado hace que sea un conjunto cremoso y suave. Y una rebanada de pan tostado de centeno y un poco de salmón ahumado hacen la combinación perfecta.

INGREDIENTES: 2 huevos, 200 g de yogur griego, 1 diente de ajo, ½ limón, 50 g de mantequilla, paprika, sal, pimienta, cayena molida y eneldo.

1. En un *bowl* mezcla el yogur griego, el diente ajo rallado, ¼ cucharadita de sal, un poco de mienta y el jugo de medio limón.

2. Haz los dos huevos pochados 5 minutos.

3. En un sartén derrite la mantequilla y añade u cucharadita de paprika y un poquito de caye Cocina durante 3 minutos y deja enfriar un po

4. En dos *bowls* reparte el yogur. Coloca los hu vos partidos por la mitad y termina con un p de cucharadas de la mantequilla con paprik Puedes poner un poco de eneldo fresco por e cima.

HUEVOS AL HORNO

RECETA 4

ECETA PARA 1 PERSONA

lo quedaba poder hacerlos al horno. Y añadir- mucho queso, verduras, jitomate y especias. ıando salen recién hechos, clavar un trozo de n en la yema y ver cómo desborda es un verda- ro placer visual, ¡y también un botón para en- ıder el hambre!

GREDIENTES: 1 huevo, 2 cucharadas de ji- nate frito (casero mejor), 4-5 cubitos de que- emmental, 2 jitomates cherri, ½ puñado espinacas, aceite de oliva extra virgen, sal imienta.

1. Precalienta el horno a 180 °C.

2. En un recipiente para horno de tamaño pequeño individual (o en una taza o *bowl* que pueda meterse en el horno) coloca el jitomate frito, los cubitos de queso, las espinacas, un poco de aceite y sal. Rompe un huevo dentro, pon los jitomates cherri cortados por la mitad y pon un poco de sal y pimienta por encima.

3. Pon el recipiente sobre una bandeja y echa un vaso de agua en la bandeja, así se cocinará al baño maría. Hornea 12 minutos y listo para comer.

Pan tostado

Capítulo VI

siempre fiel aliado de cualier mañana. Una rebanada pan y ya hay excusa para por sobre ella todo lo que se te toje. El pan tostado es tan rsátil que siempre es una ción acertada, sea cual sea iora a la que te levantes. Desde la rebanada pan de queso en la mano saliendo de casa por mañana hasta las que hay que acabar comiencon cuchillo y tenedor, con capas y capas de iacate, jamón, queso y todo lo que queda en el rigerador un domingo a la una de la tarde. Así e un capítulo solo para él es obligatorio.

es que su magia está en esa flexibilidad para iptarse a las temporadas, a los momentos y a las rsonas. En cómo reflejan gustos, culturas y creadad. Porque ya es hora de superar la rebanada de pan de molde con mantequilla y mermelada de fresa. Las opciones son infinitas y solo dependen de ponerle un poco de ganas y tener varias ideas para empezar a crear.

El pan es la parte más importante del pan tostado. De hecho, es la esencia de estos desayunos. Y se le da tan poca importancia que las malas preparaciones abundan, desgraciadamente, en infinidad de desayunos. Así que la primera ley del capítulo es la siguiente: malos panes hacen un mal desayuno de pan tostado. De modo que para hacer uno bueno, lo esencial es elegir primeramente un buen pan.

Buen pan

1 → Elaborado en una panadería artesanal

2 → Por personas que lo trabajan diariamente con cariño.

3 → Mejor si es de cereales integrales, porque tiene más nutrientes y fibra.

4 → Puede ser de harina de trigo, pero también de centeno, de espelta, maíz, mezcla de semillas, con pasas, frutos secos…

5 → El pan casero elaborado con buenas harinas es siempre un buen pan.

Mal pan

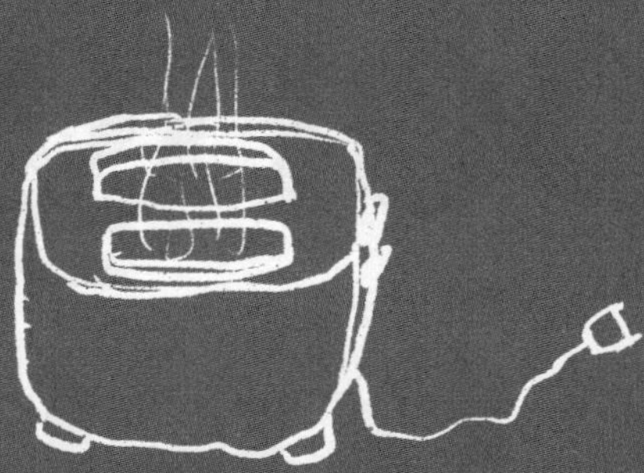

- → Ultraprocesado de harinas blancas refinadas con conservadores y otros aditivos, como azúcar.
- → Recalentado en el microondas. (Usa la tostadora o el horno).
- → Elaborado industrialmente sin ningún valor artesanal ni social.
- → El que en unas horas está seco y el que aguanta meses sin caducar.
- → El de la gasolinera.
- → El que viene en bolsa de plástico.

Pero ¿qué le pongo al pan tostado?

Luego viene el dilema de qué ponerle encima. Puede depender de dos cosas: de las ganas que tengas de esforzarte y de la riqueza de tu despensa. De lo primero te encargas tú, aunque este libro va a ayudarte con ideas deliciosas; y lo segundo varía de persona a persona, pero se pued hacer cosas maravillosas con dos huevos, u hierbas y un poco de aceite; medio aguacate o puñado de fresas. Aquí algunos consejos, rece y más fotos bonitas para seguir cocinando.

Aquí algunas combinaciones...

1 → Requesón, arándanos, limón y miel.

2 → Aguacate, fresas, queso brie y vinagre balsámico.

3 → Plátano, tahini, chocolate amargo y semillas de ajonjolí.

4 → Queso brie, mermelada casera de frutos rojos y polen.

5 → Puré de manzana, crema de avellanas, yogur griego y avellanas tostadas.

6 → Queso cotagge, calabacita rebanada, ralladura de limón y trigo sarraceno tostado.

7 → Calabaza asada, queso azul, nueces y miel.

8 → Hongos, cebolla caramelizada, queso gruyere y huevo estrellado.

9 → Aguacate, huevos revueltos, arúgula y jitomate deshidratado.

10 → Salmón marinado, huevo pochado, berros y mostaza.

11 → Hummus, jitomates cherri y pesto casero.

12 → Paté de guisantes, aguacate y huevo pochado.

13 → *Baba ganoush*, queso feta, pepino, menta y ajonjolí tostado.

14 → Requesón, higos, miel y nueces de la India.

15 → Ricotta, espárragos verdes salteados, pistaches y ralladura de limón.

¡HAZLO A TU MANERA!

REQUESÓN Y ARÁNDANOS

En un *bowl* mezcla dos cucharadas de requesón o ricotta, una cucharada de jugo de limón y media cucharada de miel. Extiende la mezcla sobre una rebanada de pan, coloca los arándanos encima y ralla un poco de cáscara de limón. Puedes acabarla con un poquito de miel.

AGUACATE, FRESAS Y QUESO BRIE

ı un *bowl* mezcla medio aguacate, una pizca de sal y una cucharadita de jugo de limón. Corta 3 fresas rodajas y unos trozos finos de queso brie. Calienta 2 cucharadas de vinagre balsámico en un sartén y redúcelo hasta que quede un poco espeso. En una rebanada de pan extiende el aguacate, coloca el queso brie y las fresas y échale un poco del vinagre balsámico y una pizca de sal de grano.

PLÁTANO Y TAHINI

Tuesta una rebanada de pan y aplasta medio plátano maduro con un tenedor (puedes hacerlo directamente sobre el pan tostado). Pon un poco de tahini, ralla chocolate amargo encima y termina con unas semillas de ajonjolí.

PURÉ, YOGUR Y AVELLANA

Unta dos cucharadas de yogur griego en una rebanada, pon una cucharada de puré de manzana (mejor caliente) y coloca un poco de crema de avellana y unas avellanas tostadas picadas encima.

CALABAZA Y QUESO AZUL

Con un tenedor aplasta dos cucharadas de calabaza asada caliente sobre una rebanada de pa
Pon unos cubitos de queso azul, como gorgonzola, roquefort o picón, una cucharada de nuec
tostadas y una cucharadita de miel por encima.

QUESO COTTAGE Y CALABACITAS

ı un sartén pon media cucharada de mantequilla y una cucharada de trigo sarraceno. Espera a que ueste y retíralo del fuego. En una rebanada grande esparce dos cucharadas de queso cottage. Corta as rodajas delgadas de calabacita cruda con un pelador y colócalas sobre el queso. Echa un chorrito ıceite, sal y pimenta. Termina la preparación con un poco de ralladura de limón y el trigo sarraceno.

SALMÓN, HUEVO Y MOSTAZA

En un *bowl* pon una yema de huevo, una cucharadita de mostaza, media cucharada de jugo de lim
un poco de sal y tres cucharadas de aceite de oliva. Añade un poquito más de aceite y sigue batien
Lame la cuchara para ver si le falta algo. Cuece un huevo durante 5 minutos (pág. 108) y pélalo.
En una rebanada de pan unta un poco de mostaza y coloca dos trocitos de salmón marinado
o ahumado y unos berros encima. Pon el huevo y cúbrelo con la mayonesa.

AGUACATE Y HUEVOS REVUELTOS

ica un poco de arúgula y dos trozos de jitomate deshidratado, pon la mezcla en un *bowl* y añade una charadita de aceite de oliva, un poco de cayena molida y pimienta. Corta medio aguacate en rodajas, prepara los huevos revueltos (pág. 109) y colócalos encima. Esparce la mezcla de arúgula y jitomate sobre los huevos y cómete el pan antes de que se enfríen.

HUMMUS Y ENSALADA DE JITOMATE

Esparce sobre una rebanada una buena capa de hummus. Pica 4 jitomates cherri, albahaca fresca, 5 avellanas, un trocito de queso parmesano y mezcla todo en un *bowl* con un poco de aceite, sal y pimienta. Colócalo sobre el hummus y listo.

BABA GANOUSH Y QUESO FETA

xtiende el *baba ganoush* (pág. 229) sobre el pan. En un *bowl* aparte mezcla dos cucharadas de queso feta, media cucharada de aceite, tres rodajas de pepino picadas y dos hojas de menta picadas. Coloca la mezcla en el pan y espolvorea un poco de ajonjolí tostado por encima.

REQUESÓN E HIGOS

Coloca el requesón, dos higos cortados en cuartos, unas nueces de la India picadas y un poco de hierbabuena picada. Termina con un poco de miel.

RICOTTA Y ESPÁRRAGOS VERDES

Corta la base de los espárragos y pártelos por la mitad. A fuego muy fuerte saltéalos con sal pimienta hasta que estén tostados. En una rebanada de pan tostado extiende una cucharada de otta, coloca los espárragos y termina con un chorrito de aceite, un puñado de pistaches tostados picados, ralladura de limón y sal de grano.

QUESO BRIE Y MERMELADA CASERA DE FRUTOS ROJOS Y POLEN

alienta en un sartén una cucharada de mantequilla a fuego medio y coloca una rebanada de pan esa. Cuando se tueste por un lado, coloca un poco más de mantequilla en el sartén, da la vuelta al pan y coloca unas rebanadas de queso brie encima y espera a que se funda. Fuera del sartén coloca una cucharada de mermelada (pág. 173) de frutos rojos casera y un poco de polen.

DIP DE GUISANTES Y AGUACATE, HUEVO POCHADO

un *bowl* aplasta con un tenedor un puñado de guisantes cocidos, añade medio aguacate, el jugo e medio limón, sal y pimienta. Mezcla todo bien hasta obtener una textura de paté. Cocina un huevo pochado (pág. 108). Sobre una rebanada de pan extiende dip de chícharos y aguacate, coloca el huevo encima y termina con un poco de sal, aceite y pimienta negra.

HONGOS, CEBOLLA CARAMELIZADA Y HUEVO

n un sartén sofríe media cebolla cortada en julianas delgadas. Echa un poco de sal y una cucharada e vinagre balsámico. Cocina a fuego medio hasta que se caramelice. Corta un puñado de tus hongos favoritos (los champiñones o las setas quedan increíbles), añádelas al sartén con un poco de aceite y saltea a fuego fuerte junto con la cebolla. Retira del fuego, añade una cucharada de queso gruyere rallado y mezcla bien para que se funda. Fríe un huevo. En un pan tostado coloca la mezcla de hongos y queso y el huevo encima.

Pero si le pones otra rebanada de pan encima, puedes hacerte un sándwich...

Sándwiches

Si la rebanada de pan tostado era la reina del desayuno, el sándwich definitivamente es el rey. Requiere un poco más de tiempo, sacar un sartén y preparar más ingredientes, pero el pan crocante, el queso fundido y cremoso y el interior calentito compensan cualquier tipo de esfuerzo. Pueden ser desayuno (y qué desayuno), pero puedes prepararlos para cualquier momento del día siguiendo los mismos consejos. Abrir un poco nuestros horizontes «desayunísticos» y ver que un sándwich de champiñones, queso y espinacas puede ser una opción maravillosa.

Aunque hay mil formas de abordar la tarea, aquí aprenderás cómo hacer el sándwich universal, con los ingredientes que más te gusten para que siempre salga perfecto. También te contaremos algunas de nuestras combinaciones favoritas.

cómo hacer "El sándwich universal"

1. Elige un buen pan
2. Prepara los ingredientes:
   - corta el queso en trozos finos.
   - saca la mantequilla de la nevera.
   - las verduras, champiñones... cocínalos aparte.
   - los embutidos escúrrelos y córtalos.
   - prepara los ingredientes fríos como: lechuga, salmón, espinacas...
3. calienta una sartén grande a fuego medio.
4. Unta 2 rebanadas de pan con mantequilla, colócalas en la sartén por ese lado.
5. coloca el queso sobre una rebanada. En la otra puedes untar alguna salsa (mayonesa, mosta
6. coloca el resto de los ingredientes sobre el queso cuando el pan esté tosta y el queso fundido.
7. ciérralo y presiona.

córtalo por la mitad y listo

QUESO CAMEMBERT,
HUEVOS REVUELTOS Y ESPINACAS

QUESO EMMENTAL Y CAMEMBERT,
MOSTAZA, PEPINILLOS AGRIDULCES Y JAMÓN COCIDO

SALMÓN MARINADO O AHUMADO, ARÚGULA,
HUEVO A LA PLANCHA, AGUACATE Y TABASCO

SÁNDWICH DE ENSALADILLA DE AGUACATE Y ATÚN,
CEBOLLA MORADA ENCURTIDA, CILANTRO, JITOMATE Y QUESO FRESCO

CHOCOLATE AMARGO, PLÁTANO
Y CREMA DE CACAHUATE

BERENJENA ASADA, PESTO, JITOMATES DESHIDRATADOS E HINOJO

HOT CAKES Y OTRAS DELICIAS

Capítulo VII

Otras mañanas, las que son más lentas y con menos egañas, un pan francés o unas crepas recién hechas on el mejor regalo. También puedes prepararlos para as personas que se levanten contigo. Imagina la mesa: ruta fresca, *bowls* llenos de chocolate fundido, miel, ermelada y yogur, café recién hecho y una torre de *ot cakes* en el centro. Todxs alrededor, buena música, el desayuno se alarga hasta la comida.

1 2 3 4 5 6

13 14 15 16 17 18

25 26 27 28 29 30

37 38 39 40 41 42

7

8

9

10

11

12

19

20

21

22

23

24

31

32

33

34

35

36

43

44

45

46

LOS *HOT CAKES* DE SIEMPRE

CETA PARA UNOS 12 *HOT CAKES*

domingo por la mañana, la mesa a rebosar a de platos y tazas y un desayuno que se alar- hasta el mediodía. Los *hot cakes* son ya el em- ma de un día empezado con buen pie, y esta eta, su mejor versión. Slaughter Beach, Dog a banda sonora de los desayunos sin prisa. edes dejar su disco *Birdie* sonando en bucle ntras baja la torre de *hot cakes*.

GREDIENTES: 1 huevo, 60 g de mantequilla retida, 3 cucharadas de yogur griego, 1 cucha- a de miel, 250 g de leche, una gota de esencia vainilla, 200 g de harina, 1 cucharada y media levadura química en polvo y una pizca de sal.

¡TIP!

HAZ LOS *HOT CAKES* EN CUANTO MEZCLES LA MASA. LA LEVADURA ACTÚA AL HIDRATARSE Y PIERDE SU EFECTO A LOS 5-8 MINUTOS SI NO SE COCINA.

1. Mezcla el huevo, la mantequilla, la miel, la leche, las tres cucharadas de yogur griego y la vainilla con un batidor de mano hasta que esté homogéneo. Incorpora la harina, la sal y la levadura química y termina de mezclar la masa. No batas la masa en exceso, es mejor que se quede algún grumo.

2. Calienta un sartén a fuego medio-alto, pon unas gotas de aceite y unta con un papel de cocina la base. Vierte tres cucharadas de masa por *hot cake*. Para que queden redondos, echa las tres cucharadas en el centro, así la masa se extiende alrededor de manera uniforme. Espera a que en la superficie aparezcan burbujas o huecos para darle la vuelta. Espera un minuto y sácalo del sartén.

3. Cómetelas con yogur y fruta; chocolate fundido; fresas asadas y requesón; mantequilla y miel… o las combinaciones que más se te antoje.

HOT CAKES DE PLÁTANO

CETA PARA UNOS 5 *HOT CAKES*

lasta un plátano y rompe un huevo son accio- ; que se podrían hacer con los ojos cerrados. í que a estos *hot cakes* les pasa parecido. La :te más complicada es decidir con qué acom- ıarlas.

GREDIENTES: 1 plátano maduro, 1 huevo, ucharadas de harina (integral, de trigo nor- l, de avena, centeno…), media cucharadita levadura química (tipo Royal) o bicarbonato ıedia cucharadita de sal.

1. Aplasta el plátano muy bien, añade el huevo y bate con energía. Añade luego la harina, la sal y la levadura química.

2. En un sartén con el fuego medio-alto pon unas gotas de aceite y unta con un papel la base. Coloca dos o tres cucharadas de masa por *hot cake*. Deja caer la masa en el mismo punto para que queden redondas y espera sin tocarlas hasta que salgan orificios en la superficie. Entonces dales la vuelta y sácalos en un minuto.

3. Cómetelos con yogur y fruta; chocolate fundido; fresas asadas y requesón; mantequilla y miel… o las combinaciones que más prefieras.

.

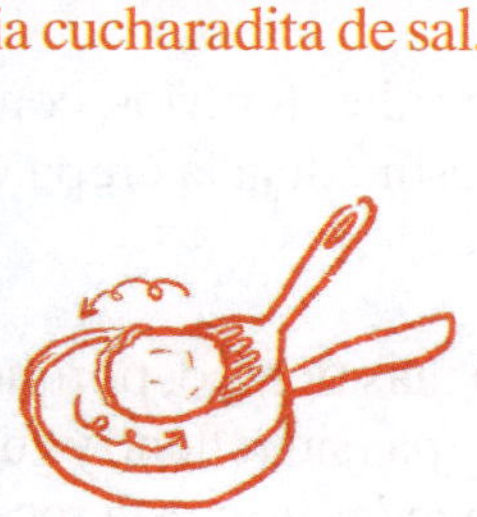

6.

CREPAS

RECETA PARA UNAS 10-12 CREPAS

Esta receta, además de ser extremadamente fácil, es muy versátil y se puede adaptar a cualquier ingrediente que tengas en casa. Aquí está la receta de la masa clásica. No tiene complicaciones. La mejor parte es rellenarlas (¡al final del capítulo hay algunas ideas para inspirarte!).

INGREDIENTES: 200 g de harina de trigo (puedes usar mezcla de harina integral y normal en la proporción que prefieras), 2 huevos, 2 cucharadas de aceite de oliva, 300 g de leche y una pizca de sal.

¡COMBÍNALO CON LO QUE SEA!

1. Mezcla muy bien todos los ingredientes con globo, sin que quede ningún grumo, y deja rep sar la masa en el refrigerador durante una hora

2. Prepara un sartén plano y grande. Con el fu go medio-alto, unta un poco de aceite o ma tequilla por toda la base con un papel de co na. Vierte un cucharón de masa y, levantando sartén, extiéndela para que cubra la superfici quede lo más delgada posible.

3. Espera 3-4 minutos y cuando esté dorada p debajo y con agujeritos por arriba, dale la vue ayudándote de una espátula. Ahora puedes c locar el relleno de la crepa si quieres que esté c liente y pasados otros 2 minutos cerrarla y re rarla del fuego.

4. Si prefieres usar ingredientes fríos, como s món ahumado o requesón, deja la crepa vací terminala en el plato.

Si te sobra, guarda la masa sin cocinar un día en el refrigerador, pero no más tiempo, porque lle huevo crudo y se echa a perder pronto. También puedes hacer todas las crepas sin relleno y guard las en el refrigerador para comerlas otro día. No te limites al desayuno, puedes usar esta receta p ra hacer crepas saladas, con huevo, mucho queso, verduras… y comerlas en la comida o en la cen

PAN FRANCÉS TOSTADO

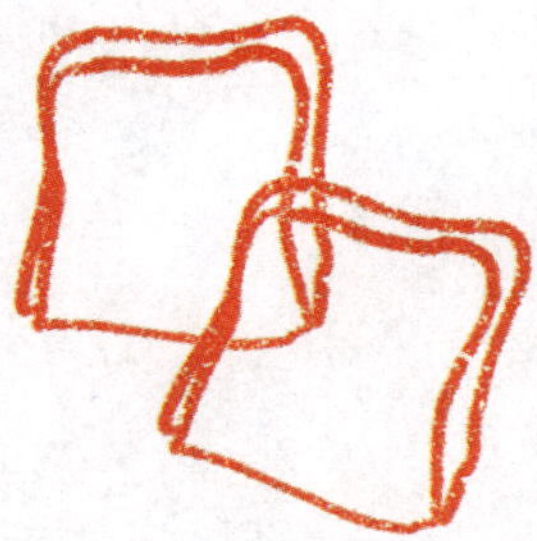

CETA PARA 4 REBANADAS

hace falta una bata de satén ni vistas a la Torre fel para desayunar de película. En cuanto la ina empiece a oler a mantequilla y veas cómo loran estas rebanadas en el sartén, será como e despertaras en *París, tú y yo*. Y escucha *Brol* Angèle para meterte del todo en el papel.

GREDIENTES: 4 rebanadas de pan *brioche*, uevos, 300 ml de leche, 100 ml de crema, azúcar antequilla.

¡CÓMELOS CALIENTES!

1. Bate en un plato hondo los huevos, la leche, la crema y dos cucharadas de azúcar.

2. Empapa las rebanadas de *brioche*, deben quedar completamente mojadas, pero sin llegar a romperse.

3. Calienta un sartén grande a fuego medio y pon una cucharada de mantequilla. Cuando se funda coloca dos rebanadas escurridas, para que no chorree la mezcla, y fríe los panes 2 minutos por cada lado, hasta que se tuesten. No escatimes en mantequilla, si ves que no queda en el sartén, añade un poco más.

4. Sácalos del fuego y espolvorea azúcar en el sartén, vuelve a colocar los panes y espera 30 segundos para sacarlos. Este último paso forma una costra crujiente de caramelo que es una maravilla.

mejor de estos panes es comerlos recién hechos, así que sírvelos calientes, con unas fresas o un co de chocolate o un chorrito de miel y disfruta de un desayuno de película.

RELLENOS DULCES

① Chocolate amargo, plátanos y crema de cacahuate.

② Fresas, yogur y almendras.

③ Mantequilla derretida, jugo limón y azúcar morena.

④ Puré de manzana, yogur griego y avellanas.

⑤ Fresas asadas, queso ricotta y miel.

⑥ Arándanos, crema de limó y pistaches.

⑦ Tahini, durazno en rebanadas, hojuelas de cayena y sal de grano.

⑧ Queso mascarpone, higos, nueces y miel.

⑨ Caramelo salado y manzana.

RELLENOS SALADOS

①

Salmón marinado, queso ottage, arúgula y mostaza a la antigua.

②

Espinacas, queso de cabra, nueces y pera.

③

Queso camembert, jamón cocido, rodajas de jitomate y ajos asados.

④

frito de calabacita y cebolla, queso emmental y huevo a la plancha.

⑤

Queso mascarpone, rodajas de calabacita, ralladura de limón y avellanas tostadas en mantequilla.

⑥

Espárragos salteados, huevos revueltos y parmesano.

⑦

omate frito casero, cherris, anchoas y alcaparras.

⑧

Calabaza mantequilla asada triturada, queso gorgonzola, miel y sarraceno tostado.

⑨

Espinacas, champiñones en rodajas salteados y cebolla caramelizada.

Calendario

Capítulo  VIII

de frutas

① ENERO
Kiwi, limón, naranja, mandarina, manzana, plátano, toronja y aguacate.

② FEBRERO
Plátano, toronja, naranja, mandarina, limó kiwi, piña, aguacate, frambuesa y fresa.

③ MARZO

esa, kiwi, limón, mandarina, naranja, plátano, toronja, aguacate y frambuesa.

④ ABRIL

Toronja, plátano, naranja, fresa, níspero, limón, mandarina, aguacate y frambuesa.

⑤ MAYO

Chabacano, níspero, cereza, fresas, ciruela y plátano.

© JUNIO
Sandía, plátano, níspero, durazno, ciruela, melón, frambuesa, ciruela y cereza.

⑦ JULIO

Chabacano, higos, cereza, ciruela, frambuesa, durazno, melón, ciruela, pera y sandía.

⑧ AGOSTO

Frambuesa, chabacano, ciruela, higo, melón, durazno, zarzamora, pera y membrillo.

⑨ SEPTIEMBRE

Granada, higo, manzana, pera, zarzamora, uva, membrillo, mango, melón y durazno.

⑩ OCTUBRE

Fresa, kiwi, limón, mandarina, naranja, plátano, toronja, aguacate y frambuesa.

⑪ NOVIEMBRE

Toronja, plátano, naranja, fresa, níspero, limón, mandarina, aguacate y frambuesa.

⑫ DICIEMBRE

Chabacano, níspero, cereza fresas, ciruela y plátano.

.hora ya sabes cuándo vas a encontrar cada fruta en el mercado, cuándo sabrá mejor y seguramente también cuán-o estará más barata. Usa este calendario como puedas, es ormal que no compres todo de temporada, es suficiente on que entiendas el contexto en el que lo haces. Leer de ónde viene, saber lo que conlleva elegir una fruta u otra kilómetros de transporte, plásti-o, maduración en cámaras de tileno…) y decidir de forma consciente: sienta me-or si además de estar dul-e, jugosa y llena de sabor, abes que estás actuando e una forma más coherente con la tierra.

.unque la manera óptima e comer fruta es cogerla di-ectamente del frutero, al ser un ngrediente precioso, no darle otros sos es desperdiciar en parte su potencial. También está ien lo de ponernos creativos y combinarla con otros ingre-ientes, cocinarla, convertirla en postre, en ensalada o en n plato salado. En las siguientes páginas te dejamos algu-as recetas para empezar.

Manos a la obra!

Mango con cayena y crutones de centeno

RECETA PARA 1 RACIÓN

1. Corta una rebanada de pan de centeno en cubitos de medio centímetro. En un sartén calienta dos cucharadas de aceite, coloca el pan y deja que se vaya tostando a fuego medio-alto. Ve removiendo de vez en cuando.

2. Pela un mango y corta una mitad. Córtalo en rodajas y colócalo en un plato.

3. Aderézalo con un poco de aceite de oliva extra virgen, cilantro picado, los crutones de centeno y unas hojuelas de cayena. Termina con un poco de sal de grano.

Toronja con menta y yogur griego

RECETA PARA 1 RACIÓN

1. Pon 200 g de yogur en un paño, haciendo saquito, y deja que escurra el líquido duran una media hora.

2. Pela la toronja usando un cuchillo. Tiene u capa muy gruesa, así que es mejor que cortes parte de arriba y la de abajo y luego vayas c tando los lados. Corta la toronja en trozos.

3. Coloca una cucharada de yogur en un plat los trozos de toronja, echa el jugo también. Pi 4 hojas de menta y ponlas junto con una cuch rada de polen sobre la toronja.

habacano a la plancha on mantequilla, *skyr* albahaca

ECETA PARA 1 RACIÓN

Para empezar, corta un chabacano por la mi- l y retira el hueso.

Calienta en un sartén a fuego medio una cu- arada de mantequilla. Cuando se funda, colo- los chabacanos en el sartén por la parte pla- . Déjalos 8 minutos y dales la vuelta. Pasados os cinco minutos, añade media cucharada más mantequilla y una de azúcar, cuando se derri- dales de nuevo la vuelta y deja que se carame- en durante 2 minutos.

3. Por último, retíralos del fuego y sírvelos con una cucharada de *skyr*, albahaca fresca picada y un poquito de canela en polvo. El chabacano a la plancha con mantequilla, *skyr* y albahaca es una maravilla calentito, dulce y un postre de diez.

Fresas asadas con pimienta blanca

RECETA PARA 4 RACIONES

1. Lava y seca 300 g de fresas, cortando el ra
to. En un *bowl*, mezcla las fresas con un chorr
de vinagre balsámico, una cucharada de azúc
media cucharadita de sal y un cuarto de pimie
ta.

2. Pon las fresas en una bandeja con papel
horno y hornéalas a 180 °C unos 15-20 mir
tos. Puedes cortar las fresas o dejarlas enter
Cuanto más pequeños los trozos, más rápido
cocinan. Añade especias como canela o carc
momo y luego cómetelas con yogur, en un p
tostado, acompañando a un panqué o a una b
la de helado.

3. En la foto llevan una buena cucharada
crema con cardamomo. Para hacerla, pon en
bowl 200 g de crema fría para batir, media c
charadita de cardamomo y media cucharada
azúcar. Bate hasta que quede cremosa y se pu
da tomar con la cuchara. Es una mezcla mara
llosa, prometido.

lelado de cerezas yogur

RECETA PARA 2 RACIONES

1. Coloca 250 g de cerezas congeladas en un procesador de alimentos. Puedes tener siempre algo de fruta congelada para hacer helados al momento. Añádele una cucharada de yogur griego y tritura muy bien hasta conseguir una textura cremosa de helado.

2. Esta receta puedes hacerla con cualquier fruta. Guarda en bolsitas la fruta pelada y cortada y tritúrala en el momento en que vayas a tomarla. Algunas combinaciones top que refrescan los días más abrasadores son:

- Un plátano y una cucharada de cacao. Versión *healthy* del helado de chocolate.
- 6 fresas y medio plátano.
- 200 g de frutos rojos, 3 cucharadas de yogur y una cucharada de crema de almendras.
- 100 g de arándanos, una cucharada de jugo de limón, la ralladura de un limón y dos cucharadas de yogur griego.
- Medio mango, el jugo de media naranja, medio plátano y dos hojas de albahaca.

Crumble de frutos rojos

Vas a querer esto sobre la mesa siempre. Y si además sabes que puedes cambiar los frutos rojos por cualquier otra fruta de tu gusto o preferencia, se convertirá en tu postre de auxilio favorito.

RECETA PARA 6 RACIONES

1. Como siempre, antes de empezar, precalie ta el horno a 200 °C.

2. Mezcla en un *bowl* 300 g de frutos rojos co cucharadas de azúcar y el jugo de un limón.

3. En otro *bowl* coloca 100 g de harina, 100 g frutos secos molidos, 100 g de azúcar, un po de pimienta negra, cardamomo, canela y nu moscada. Corta en cubitos 100 g de mantequi fría y mézclala con la harina usando las yem de tus dedos. Tiene que quedar una textura arena, con grumos, no una masa.

4. En un recipiente para horno extiende los f tos rojos y coloca encima la mezcla arenosa, briendo la superficie. Hornea durante 45 r nutos, hasta que se dore bien. Deja reposar *crumble* durante 15 minutos y sírvelo templa le puedes poner crema sin azúcar, crema ing sa o un poco de helado de vainilla, cualquier ción es perfecta.

Sopa fría de sandía

RECETA PARA 4-6 *BOWLS*

1. Corta media sandía en cubitos.

2. En un procesador de alimentos tritura la sandía, 50 g de aceite de oliva extra virgen, 3-4 cucharadas de vinagre de manzana, ½ cucharada de sal y 4 hojas de hierbabuena (opcional).

3. Conserva la sopa en el refrigerador y sírvela muy fría. Puedes beberla o ponerla en *bowls* con un poco de queso feta y hierbabuena picada.

Ensalada de naranja, arúgula y róbalo curado en sal

RECETA PARA 4 PERSONAS

1. Limpia un lomo de róbalo y colócalo en un recipiente cubierto de una mezcla de 120 g de sal y 80 g de azúcar. Tiene que cubrir todas las partes del pescado. Coloca algo de peso encima y déjalo en el refrigerador durante 30 minutos.

2. En un *bowl* mezcla una naranja cortada en trozos pequeños, 5 cucharadas de aceite de oliva extra virgen, 1 cucharada de mostaza, 1 cucharadita de sal y un poco de pimienta.

3. Pica un manojo de espárragos y saltéalos a fuego fuerte hasta que se tuesten un poco.

4. Filetea el róbalo. Coloca en los platos un puñado de arúgula, los espárragos, el róbalo y termina con la naranja usando el juguito de vinagreta.

Mermelada exprés de frambuesa

RECETA PARA UN FRASCO DE UNOS 200 ML

1. En un cazo coloca 300 g de frambuesas lavadas. Cocina a fuego medio durante 15-20 minutos removiendo poco a poco. Si quieres endulzarla un poco, añade una cucharada de miel o azúcar mascabado.

2. Añade una cucharada de jugo de limón y retira el cazo del fuego. Mezcla bien. Pasa la mermelada por un colador si no quieres que tenga pepitas.

3. Guárdala en un frasco y consérvala en el refrigerador durante máximo dos semanas.

¡TIP!

PRUEBA A HACERLA CON OTRAS FRUTAS COMO FRESAS, ARÁNDANOS, PERA, MANZANA, CIRUELA, DURAZNO... ALGUNAS FRUTAS MÁS DURAS NECESITARÁN MÁS TIEMPO DE COCCIÓN.

POS

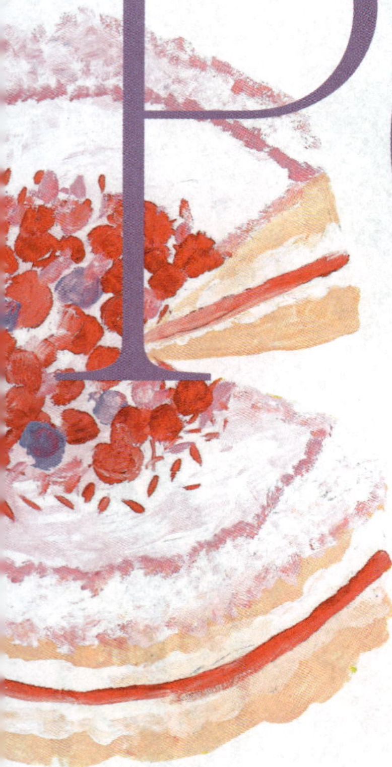

Una rebanada de pastel de chocolate también puede ser desayuno. Por lo menos, de vez en cuando. ¿Quién no salta de la cama cuando sabe que le espera un pastel delicioso en la cocina? Como este libro habla sobre cómo cuidarse, el dulce tiene también su lugar.

Sabemos que este tipo de alimentos no debe comerse diariamente. Pero de la misma manera es también sano poder comerlos sin culpabilidad o remordimiento. Cuidarse significa, antes que nada, cuidar la mente. Elígelos de forma consciente, sabiendo lo que son, cómo afectan a tu cuerpo. Decide tomarlos porque es un día especial, porque se te antoja en ese momento concreto, disfrutando de veras, compartiéndolos y sabiendo, a la v que debe tratarse de un mome to ocasional.

Disfruta las recetas, regálasela tus amigas y prepáralas cuando reúna toda la familia a celebrar. cuando tengas un antojo irresistib de dulce, son para ti.

Es importante saber que para estas recetas (las de repostería en general) debes comprobar que tienes todos los ingredientes y seguir los pasos sin saltártelos. Cualquier mínimo cambio afecta a la textura, a la consistencia y al sabor.

TRES

ñam…

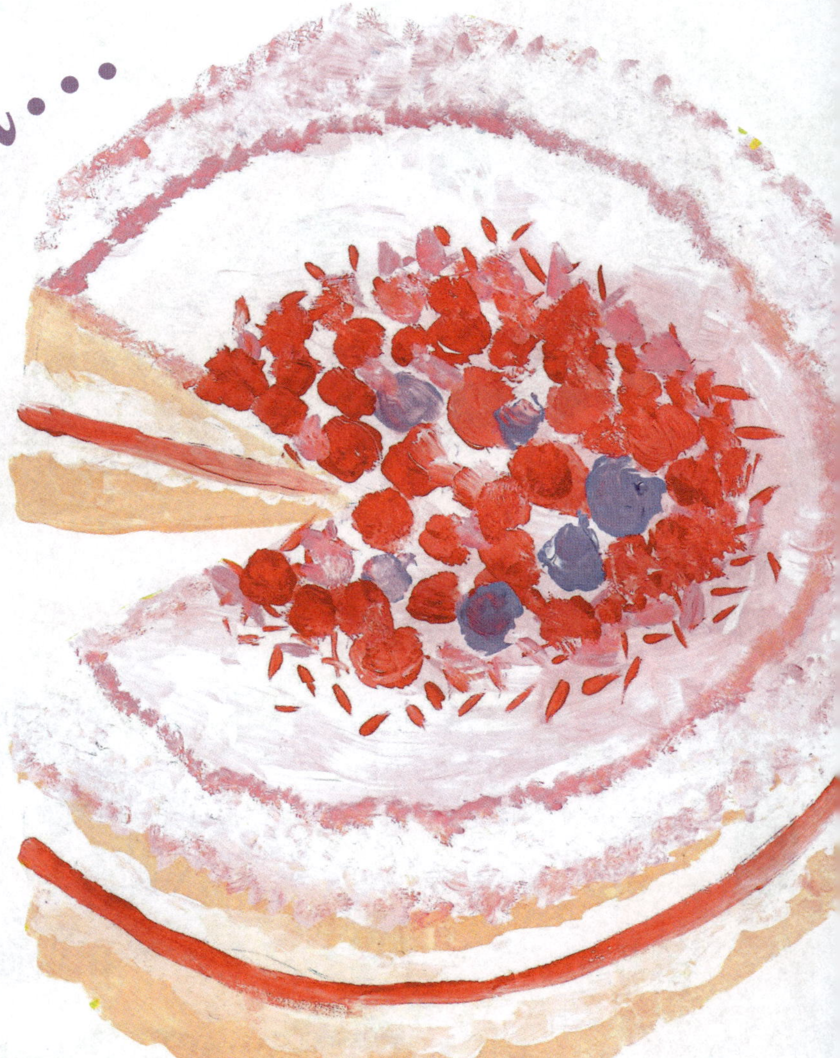

GALLETAS DE CHOCOLATE

RECETA PARA 10-12 GALLETAS

Vas a querer una caja llena de estas galletas permanentemente. El proceso tiene algunos pasos un poco más complicados, pero es agarrarle el modo. Cuando conozcas el punto perfecto de la mantequilla tostada y sepas cuándo es el momento de «lanzar la bandeja», harás las galletas con los ojos cerrados. Suenan a indie folk alternativo, un disco completo, precioso e igual de acogedor.

INGREDIENTES: 170 g de mantequilla, 170 g de azúcar blanca, 80 g de azúcar morena, 205 g de harina, 1 huevo, ½ cucharada de agua, 1 cucharadita de café soluble, ½ cucharadita de levadura, ¼ cucharadita de bicarbonato, ½ cucharadita de sal y 100 g de chocolate.

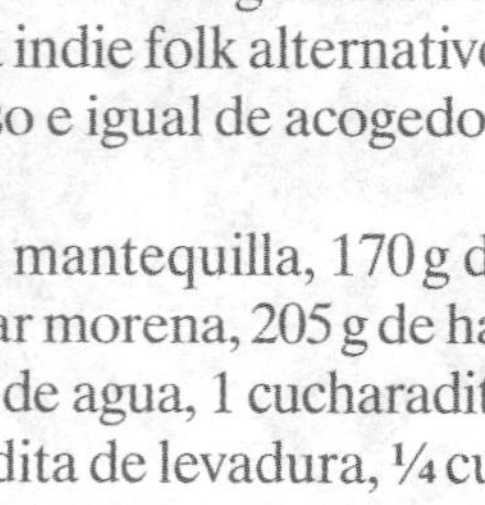

CUANDO LOS BORDES ESTÉN DORADOS Y EL CENTRO AÚN BLANCO PUEDES SACARLAS. AL PRINCIPIO ESTÁN MUY BLANDAS Y PUEDE PARECERTE QUE ESTÁN CRUDAS, PERO CUANDO SE ENFRÍAN SE ENDURECEN.

¡TIP!

1. En un cazo coloca la mantequilla y ponla fuego medio-alto. Cuando se funda y empiece burbujear, espera hasta que se tueste. Adquie un color avellana y un olor precioso. Cuidado, quema con facilidad. Retírala del fuego y de enfriar al menos durante 15 minutos.

2. En un *bowl* mezcla los azúcares, el huevo y media cucharada de agua. Con un globo ba enérgicamente. Añade la mantequilla cuando e té fría y sigue batiendo durante unos 3 minutos.

3. Mezcla harina, sal, bicarbonato, café solub y levadura en un *bowl*. Añade poco a poco a mezcla húmeda para que quede homogéneo.

4. Por último, añade el chocolate picado y ha bolas de unos 60-65 g. Guárdalas en el congela dor durante al menos media hora.

5. Precalienta el horno a 170 °C y coloca 5 bolas e una bandeja con papel de horno separadas entre

6. Hornea las galletas entre 14 y 18 minutos (de pende mucho del horno). Para conseguir unc bordes crujientes, puedes usar este truco: en minuto 9-10 saca la bandeja y la dejas caer desc una altura de 15 cm. Vuelve a meter las gallet y repite este proceso tres veces antes de sacar la galletas definitivamente.

7. Deja las galletas enfriar durante al menos me dia hora.

GALLETAS DE AVENA

CETA PARA 10 GALLETAS

hay que compararlas con las anteriores, son nplemente distintas. Cada una tiene su enito. Bueno, sabemos que no son las más boas del mundo, pero siguen estando deliciosas. otivos suficientes para prepararlas en casa y nerlas en el almuerzo durante toda la semana.

GREDIENTES: 2 plátanos muy maduros, 100 g crema de cacahuate, 125 g de almendra moli- 3 cucharadas de aceite de oliva extra virgen, a pizca de sal, 100 g de chocolate amargo pilo y una pizca de bicarbonato.

1. Precalienta el horno a 190 °C, calor arriba y abajo.

2. Aplasta los plátanos, añade el huevo, la crema de cacahuate y el aceite.

3. Incorpora la almendra, el chocolate, la sal y, por último, el bicarbonato.

4. Forma las galletas poniendo cucharadas de masa en una bandeja cubierta con papel de horno y aplánalas con un tenedor.

5. Hornea las galletas durante 12-14 minutos.

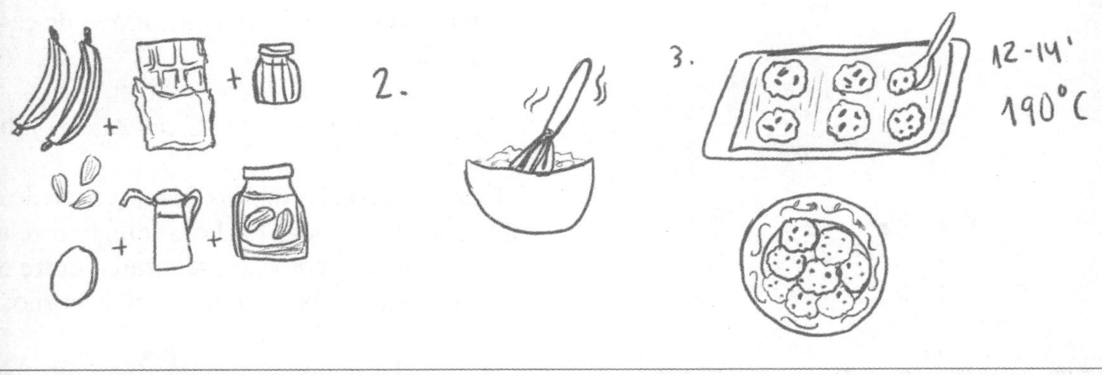

EDES CAMBIAR LA CREMA DE CACAHUATE POR OTRA DE OTRO FRUTO SECO O TAHINI Y AÑADIR UN POCO DE MIEL SI ERES ENDULZAR UN POCO MÁS TUS GALLETAS.

¡TIP!

GALLETAS DE CANELA «SNICKERDOODLE»

RECETA PARA 12-15 GALLETAS

Esta receta tiene todo lo bueno que puede tener una receta: es facilísima, rápida y queda perfecta. Las galletas, blanditas y con un aroma a canela delicioso, son de las que desaparecen de la bandeja poco a poco. Y ya si hay café caliente y una buena conversación alrededor, vuelan sin que te des cuenta.

INGREDIENTES: 175 g de azúcar blanca, 110 g de mantequilla, 1 huevo, 180 g de harina blanca, ½ cucharadita de bicarbonato, una pizca de sal, canela y azúcar blanca para rebozar.

COMO TODAS LAS GALLETAS, SE CONSERVAN EN UN RECIPIENTE HERMÉTICO EN LA DESPENSA.

¡TIP!

1. En un *bowl* bate con un globo el azúcar y mantequilla hasta que quede aireado (2-3 mi tos). Añade el huevo y continúa batiendo bie

2. En un *bowl* aparte mezcla la harina, la sa por último, el bicarbonato.

3. Añade la mezcla de harina a la otra e incor ra con el globo todos los ingredientes.

4. Deja reposar en el refrigerador durante 30 nutos.

5. En un *bowl* mezcla una cucharada de can y 4 de azúcar.

6. Precalienta el horno a 180 °C, calor arriba y ab

7. Haz bolas con las manos de unos 5 cm de metro aprox. Reboza las bolas en la mezcla azúcar y canela y colócalas separadas entre e en una bandeja cubierta con papel de horno.

8. Hornea las galletas durante 10 minutos, h ta que se queden planas y comiencen a agrie se. Déjalas enfriar 5 minutos antes de pasarl una rejilla.

PAY FÁCIL DE LIMÓN

PASTEL PERFECTO

en que a los postres de limón o los amas o odias. Con esta receta la segunda opción no te. Es facilísima y queda tan resultona, fres- ligera que contenta a todo tipo de comensa- Cosmo Pyke de banda sonora, igual de fres- ligero.

REDIENTES:

a la masa: 95 g de harina, ½ cucharadita de sal, de azúcar y 65 g de mantequilla fría en cubi-

a el relleno: 1 huevo, 150 g de azúcar, jugo de imón y medio y 50 g de mantequilla derretida.

1. En un *bowl* mezcla la harina, la sal y el azúcar. Añade la mantequilla en cubitos y mezcla con las yemas de los dedos hasta obtener una mezcla arenosa. Añade dos cucharadas de agua y haz una bola y guárdala en el refrigerador envuelta en papel film durante 30 minutos.

2. Precalienta el horno a 200 °C, calor arriba y abajo.

3. Estira la masa enharinando bien la superficie para que no se pegue y colócala sobre un molde para pay de unos 20-26 cm. Clava el tenedor por toda la superficie, pon papel para hornear sobre la masa y cúbrela de garbanzos secos, arroz u otra cosa que pese y pueda meterse al horno. Esto hará que la masa no se hinche y quede plana.

4. Hornea durante 7 minutos.

5. Mientras tanto, mezcla los ingredientes del relleno en un *bowl*.

6. Saca la costra del molde, retira los garbanzos y el papel y vierte la mezcla dentro. Espolvorea un poco de azúcar por encima y hornea durante 20-25 minutos, hasta que quede dorada por encima.

PANQUÉ DE CALABAZA

RECETA PARA UNOS 10 TROZOS

Panqué de otoño. Tiene el color de las hojas en octubre y sabe a estar en casa. Una rebanada tostada en el sartén con un poco de mantequilla y una taza de té chai es el mejor combo para una mañana de sofá y lectura. Además, se conserva hasta una semana igual de tierno que el primer día. Girl in red es este panqué en formato musical.

INGREDIENTES: 350 g de calabaza naranja asada triturada, 80 g de azúcar blanca, 80 g de azúcar morena, 200 g de aceite de oliva, 3 huevos, 130 g de harina integral, 100 g de harina de trigo normal, 1 sobre de levadura química tipo Royal, ½ cucharadita de bicarbonato, ½ cucharadita de sal, ½ cucharadita de canela, ¼ cucharadita de nuez moscada, ¼ cucharadita de jengibre y ½ cucharadita de cardamomo.

NO ABRAS EL HORNO DURANTE LOS PRIMEROS 30 MIN, YA QUE NO SE HABRÁ FORMADO LA ESTRUCTURA INTERNA DEL PANQUÉ Y CAERÁ HACIA ABAJO (ESTO TE SIRVE PARA CUALQUIER PANQUÉ QUE HAGAS). CUANDO LO SAQUES, ESPERA MEDIA HORA A QUE SE ENFRÍE EN EL MOLDE, LUEGO PUEDES COMÉRTELO <3.

¡TIP!

1. Precalienta el horno a 180 °C, calor arri abajo. Prepara también un molde para pastel, tando con mantequilla toda la base y las pare para que no te cueste desmoldarlo.

2. Tritura bien la calabaza (puedes hacerla da o cortarla en cubitos y ponerla en un *bowl* papel film en el microondas durante 7 minut mezcla con los dos tipos de azúcar. Añade el a te y los huevos y bate muy bien. Puedes usar batidora eléctrica o una normal, pero que qu muy bien mezclado.

3. En un *bowl* aparte, mezcla el resto de los in dientes (todos los secos). Añade esta mezcla co a poco a la masa líquida, incorporando m tras se integra bien todo.

4. Cuando esté homogéneo y sin grumos, vier mezcla en el molde y mételo al horno durante 50 min. Para comprobar si está cocido introd un cuchillo hasta el fondo, tiene que salir lim

5. Si ves que se te está quemando por encima brelo con papel de aluminio.

PASTEL DE CHOCOLATE Y ACEITE DE OLIVA

CETA PARA 8 TROZOS

astel que merece aparecer en *Matilda*. Suena bum *IV* de BADBADNOTGOOD en bucle.

REDIENTES: 150 g de chocolate amargo, de cacao puro en polvo, 100 g de aceite de a, 100 ml de agua, 70 g de azúcar, 3 huevos, ½ haradita de bicarbonato (o levadura quími- café soluble (prescindible) y sal.

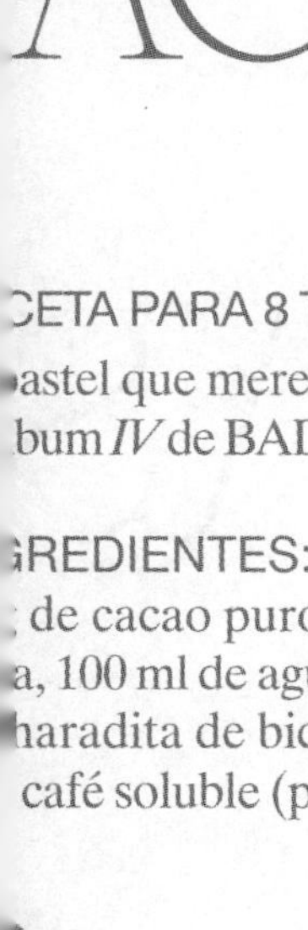

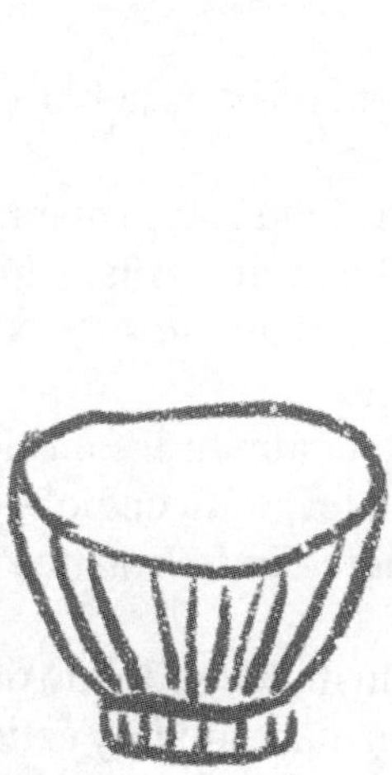

1. Precalienta el horno a 180 °C, calor arriba y abajo.

2. En un *bowl* coloca el chocolate picado, el cacao, el café soluble y el aceite. En un cazo calienta el agua y el azúcar hasta que este se disuelva. Vierte sobre el chocolate el agua hirviendo y remueve con un globo hasta que se funda completamente.

3. Separa las yemas y las claras de los 3 huevos. Monta las claras a punto de turrón con el globo. Incorpora las yemas a la mezcla de chocolate, añade media cucharadita de sal y el bicarbonato.

4. Usando una espátula añade las claras montadas. Es importante que no remuevas, sino que lo mezcles con movimientos envolventes, para no romper las burbujas de aire.

5. Forra la base de un molde redondo de 23-26 cm de diámetro con papel de horno y unta las paredes y el fondo con un poco de mantequilla. Vierte la mezcla y hornea 25 minutos.

6. Deja que se enfríe un poco antes de desmoldarla. Espolvorea usando un colador cacao en polvo o azúcar glas sobre el pastel.

des comerla un poco caliente o totalmente fría, como más te guste. Un poco de crema sin azúca- ñadidos o helado de vainilla serán acompañantes ideales.

PANQUÉ DE FRUTOS ROJOS Y ALMENDRAS

RECETA PARA 8 TROZOS

El favorito del verano. No hay panqué más fácil de hacer y con un resultado tan bueno. Es de las que va desapareciendo poco a poco de la bandeja y nadie sabe cómo. *Immunity* de Clairo también, el sonido del verano.

INGREDIENTES: 125 g de mantequilla a temperatura ambiente, 125 g de azúcar, 2 huevos, 150 g de almendra molida, 70 g de harina, 2 cucharadas de levadura en polvo, 1 cucharadita de sal, ¼ cucharadita de pimienta, 200 g de frutos rojos (pueden ser congelados).

PUEDES CAMBIAR LOS FRUTOS ROJOS POR OTRA FRUTA, COMO MANZANA, FRESAS, CHABACANOS... SEGÚN LA TEMPORADA EN LA QUE NOS ENCONTREMOS.

¡TIP!

1. Precalienta el horno a 190 °C, calor arriba y ab

2. Con un globo bate la mantequilla con el az durante 3 minutos. Añade los huevos y sigue tiendo otros 4 minutos.

3. Añade la almendra molida, la harina, la mienta, la levadura en polvo y la sal. Mezcla dos los ingredientes con una espátula.

4. Unta un molde redondo de unos 23 cm de metro con mantequilla y extiende la masa de ma uniforme. Coloca encima los frutos sec espolvorea una cucharada de azúcar por enc

5. Hornea el panqué 45-50 minutos y déjala en antes de desmoldarlo.

PAY DE QUESO

.CETA PARA 8 RACIONES

r muchas versiones que haya de este pay nunca :ecerán suficientes. Esta es una más, cremosa, :a clavar cuchara tras cuchara, con un toque de :so azul y la opción de poner una base de galle- para sostenerla. Sí, es una más entre todas, pe- no sabrás si es tu favorita hasta que la pruebes.

GREDIENTES: 350 g de queso de untar tipo iladelphia, 300 g de queso mascarpone, 40 g queso roquefort o azul, 250 g de yogur griego,) g de azúcar, 250 g de crema para batir, 5 hue- , 2 cucharadas de maicena y una pizca de sal.

1. Antes de empezar precalienta el horno a 190 °C con calor arriba y abajo.

2. Tritura todos los quesos y el yogur en un *bowl* hasta que queden cremosos y sin grumos.

3. Añade los huevos, el azúcar y la crema. Vuelve a triturar muy bien. Acaba de añadir la maicena y un poquito de sal.

4. Moja una hoja de papel de horno, colócala en un recipiente desmoldable de unos 25 cm de diámetro. Hornea durante 35-40 minutos y deja enfriar el pay al menos durante 3 horas.

'AY ESTÁ MUCHÍSIMO MEJOR SI LO DEJAS REPOSAR UNA NOCHE EN EL REFRIGERADOR.

UIERES UNA BASE DE GALLETA, MEZCLA 150 G DE UNAS GALLETAS BÁSICAS TRITURADAS CON 60 G DE MANTEQUILLA RETIDA Y UNA PIZCA DE SAL. COLOCA LA MEZCLA EN LA BASE (DESPUÉS DE COLOCAR EL PAPEL) Y APLASTA BIEN DÁNDOTE DE UNA CUCHARA O LA BASE DE UN VASO.

¡TIPS!

PANQUÉ DE ZANAHORIA

RECETA PARA 10 TROZOS

Elegante, sin ser pretencioso; dulce, pero no demasiado; perfecto para una tarde de sofá y también para una mesa bonita con candelabros.

INGREDIENTES:

Para el panqué: 300 g de zanahoria (3-4 zanahorias), 3 huevos, 100 g de aceite de oliva, 70 g de azúcar morena y 70 g de azúcar blanca, 200 g de harina, 1 cucharadita de canela, ½ cucharadita de jengibre, ½ cucharadita de cardamomo, ½ cucharadita de pimienta negra, 1 cucharadita de sal, 2 cucharadas de levadura química en polvo, ½ cucharadita de bicarbonato, 60 g de nueces peladas (opcional), 30 g de pasas (opcional).

Para la crema: 100 g de queso tipo Philadelphia, 100 g de mascarpone, crema para batir para corregir la textura y 30 g de azúcar glas.

SI QUIERES CONSERVARLA VARIOS DÍAS, GUARDA LA CREMA DE QUESO EN EL REFRIGERADOR Y ÚNTALA EN EL PANQUÉ CUANDO LO VAYAS A COMER.

¡TIP!

1. Precalienta el horno a 180 °C, calor arriba y aba

2. Bate el azúcar y el aceite con un globo. Inc pora los huevos y no dejes de mezclar hasta q esté homogénea.

3. Ralla las zanahorias. En un *bowl* aparte mez harina, sal, bicarbonato, levadura y las especias.

4. Añade la zanahoria al primer *bowl* y luego ve corporando la mezcla de la harina poco a poco decides ponerle pasas y nueces, añádelas ahora

5. Unta un molde con mantequilla y vierte la m cla. Hornéala durante 1 hora y deja que se enf en el molde antes de sacarlo.

6. Mientras está en el horno mezcla el queso mascarpone, la mantequilla a temperatura a biente, el azúcar glas y un poco de cardamor Si ves que la mezcla está muy dura, añade 2 cucharadas de crema.

7. Deja que se enfríe completamente el panqué y tiende una capa de la crema de queso por encima

DESAYUNOS QUE SON ALMUERZOS

CAPÍTULO X

VECES, ALGUNAS MAÑANAS SON CASI MEDIODÍA. EN-ONCES LOS DESAYUNOS PUEDEN LLAMARSE ALMUER-OS, SERVIR DE COMIDA O PREPARARSE PARA LLEVAR. AY ALGUNAS RECETAS QUE PUEDES COCINAR Y GUAR-AR PARA LA SEMANA O PARA LLEVARTE EL DESAYUNO L TRABAJO O A CLASE. RECETAS QUE PUEDES COMER A RIMERA HORA, PERO QUE SI SOBRAN TE SIRVEN IGUAL ARA LA COMIDA, LA CENA O LA MERIENDA.

OTRAS VECES LEVANTARSE TARDE PUEDE SERVIR DE XCUSA PARA PREPARAR UN PÍCNIC Y ORGANIZAR UNA XCURSIÓN IMPROVISADA: LLENAR LA CANASTA DE VASOS MANTELES DE COLORES Y SALIR A ENCONTRAR EL SITIO ÁS MÁGICO DEL PARQUE. QUE HAYA FLORES CERCA, O SOPLE MUCHO EL VIENTO Y EL SOL Y LA SOMBRA STÉN EN EQUILIBRIO. *ESPEJISMOS* DE CALAVERA EN EL LTAVOZ. SIEMPRE VIENE BIEN, EN ESTOS CASOS, TENER LGUNAS COSAS PARA UNTAR, FÁCILES DE TRANSPORTAR DE COMER.

SÍ QUE AQUÍ VAN ALGUNAS RECETAS PARA CUALQUIERA E ESTOS MOMENTOS QUE ESPERAMOS QUE ADAPTES A J COCINA Y QUE LLEVES A TODOS LADOS.

QUICHE DE VERDURAS

Puedes usar esta receta como recurso para agotar las verduras que tengas por el refrigerador. También sirve para quedar como una artista cuando vienen amigas a casa, ya sea para desayunar o para cualquier otro momento del día. Si aprendes a hacer esta versión, podrás usarla como receta base y hacer las combinaciones de ingredientes que más te gusten.

INGREDIENTES:

<u>Para la masa</u>: 250 g de harina, 120 g de mantequilla en cubitos fría, 60 ml de agua y 1 cucharadita de sal.

<u>Para el relleno</u>: 4 huevos, 250 ml de leche o crema para batir (o una mezcla de ambas), 150 g de queso rallado (emmental, comté, gruyere), media cebolla, medio puerro, ¼ de calabacita, 1 zanahoria, 100 g de champiñones, 100 g de jitomates cherri, sal, pimienta y aceite de oliva.

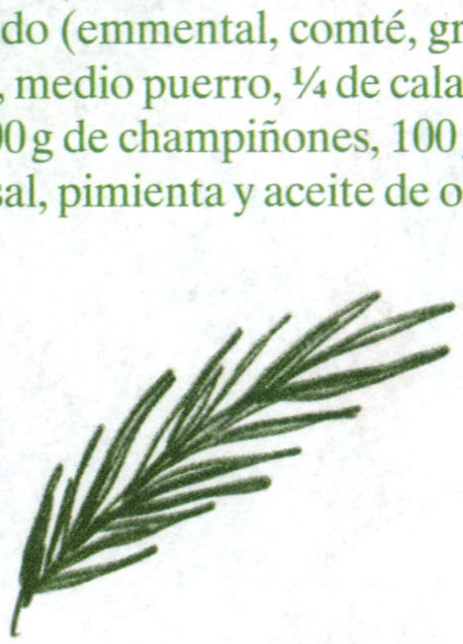

1. Para hacer la masa: mezcla la harina y la ma tequilla fría con las yemas de los dedos, desmen zando hasta conseguir una textura arenosa. Aña la sal y el agua y, usando las manos, junta todos l ingredientes, sin amasar mucho.

2. Forma una bola y guárdala en el refrigerador d rante al menos media hora envuelta en papel fil

3. Precalienta el horno a 180 °C, calor arriba y aba

4. Saca la masa del refrigerador y extiéndela c un rodillo hasta 4 mm de grosor. Extiende hari por la superficie y la masa para que no se pegu Coloca la masa en un molde redondo bajo (ti pay) de unos 23-25 cm y recorta los bordes sobra tes. Con un tenedor pincha toda la base, cúbr la con papel aluminio y hornéala durante 15 m nutos.

5. Mientras tanto, pica toda la verdura, men los jitomates, y sofríela en un sartén con acei Primero la cebolla, el puerro y la zanahoria. Aña a continuación la calabacita y los champiñon Sazona con sal y pimienta. Cuando las verduras tén hechas, apártalas del fuego.

En un *bowl* bate los ıevos y la leche/crea. Añade el queso, el ısado de verduras, una ıcharadita de sal y piienta. Saca la masa del ɔrno y vierte dentro el reno. Ahora coloca los jitomas cherri, partidos por la mitad, ıcima.

Vuelve a hornearla durante media hora, hasque se cuaje el relleno y se dore un poco.

ɔn la misma masa y manteniendo los huevos, la ema/leche y el queso del relleno, también pues hacer tu quiche de:

- Medio puerro, 150 g de gambas y media calabacita.
- 150 g de espinacas, 100 g de queso azul y media cebolla.
- 100 g de tocino, media cebolla y medio puerro.
- 150 g de calabaza mantequilla, 100 g de queso de cabra y medio puerro.
- 150 g de espárragos verdes, 100 g de salmón, eneldo y ½ cebolla cambray.

TORTITAS DE PAPA

A medias entre una tortilla española y unos *hot cakes* de desayuno, estos bocados crujientes tienen lo mejor de ambos mundos. Te va a encantar lo fáciles que son de hacer y lo crujientes que quedan.

INGREDIENTES: 3 papas, 1 cebolla, 2 huevos, 100 g de queso emmental o gruyere, 1 cucharada de sal, ½ cucharada de pimienta, ½ cucharadita de bicarbonato y aceite de oliva extra virgen.

¡TIP!

CÓMETELAS RECIÉN HECHAS Y, SI LAS DEJAS PARA LUEGO, PÁSALAS POR EL SARTÉN UN POCO PARA QUE VUELVAN A QUEDAR PERFECTAS.

1. Pela las papas y la cebolla, y ralla ambas con un rallador de agujeros más bien grandes.

2. Posteriormente, coloca la papa y la cebolla rallada en un paño fino y escurre apretando bien para sacar toda el agua posible.

3. En un *bowl* grande mezcla la papa y la cebol
con los huevos, el queso, la sal, la pimienta y bica
bonato. Prueba la masa y corrige de sal.

4. En un sartén grande calienta aceite, para q
cubra toda la superficie. Cuando esté calien
echa cucharadas de masa para formar tortita
Fríelas durante un par de minutos por cada lad
Sácalas del fuego y colócalas sobre un papel
cocina para que absorba el aceite sobrante.

5. Puedes preparar un poco de crema agria o pu
de manzana para comerlas.

TARTA DE PIMIENTOS, SARDINAS Y CEBOLLA

Desayuno de verano, mantel de cuadros, un ramo de flores, limonada y una tarta de verduras. Suena Y La Bamba y corre un poco el aire. Así sabe rico casi todo. Aunque esta receta sabe rico siempre, ya o no haya ambientación toscana.

GREDIENTES: 250 g de harina, 50 g de aceite, 0 g de agua, sal, tomillo fresco, 100 g de pimiens rojos asados, 2 cebollas grandes, 2 latas de sarnas en aceite de oliva extra virgen y alcaparras.

Para hacer la masa: mezcla en un *bowl* la hari, aceite, agua, una cucharada de sal y dos cuchadas de hojas de tomillo fresco.

Cuando la masa se haga una bola, envuélvela papel film y guárdala en el refri media hora.

Mientras tanto, saltea la cebolla en un poco de eite a fuego medio hasta que se vuelva transpante (unos 10 min).

Precalienta el horno a 190 °C y saca la masa del frigerador. Extiéndela con un rodillo haciendo una base delgada (unos 3-4 mm). Usa harina en la superficie para que no se pegue. Colócala en una bandeja forrada con papel de horno.

5. Coloca la cebolla salteada, las tiras de pimiento morrón asado (puedes comprarlo o asarlo en casa, untados de aceite durante 50 min a 200 °C y luego quitarles la piel), las sardinas (sin la espina), 3 cucharadas de alcaparras, un chorrito de aceite de oliva por encima y sal de grano. Le puedes añadir pimienta u otras especias.

6. Ya solo te queda hornearla durante 30 min, hasta que se doren los bordes y comerla recién hecha o cuando se enfríe, sigue estando superrica.

Si prefieres, puedes ponerle otros ingredientes por encima a la masa, los que más te gusten o creas que pegan juntos. Aquí algunas ideas:

- Espárragos verdes, queso de cabra, ralladura de limón y pimienta negra.
- Rodajas de calabacita, jitomates cherri, aceitunas negras y queso feta.
- Berenjenas asadas, ajonjolí blanco, ajos asados y miso.
- Ajetes tiernos, gambas crudas, pimiento morrón verde y paprika.
- Chocolate, pistaches, rodajas de plátano.

UNTABLES

ra tener en casa, llevar de pícnic o a una merien- con amigas. Tres recetas que van a convertirse tus cremas imprescindibles, ya que sirven pa- todo. Si guardas los untables en el refrigerador, edes usarlos por la mañana en cualquier pan tado o bocadillo; pero también añadirlos a tus saladas, pastas, arroz, carnes o pescados; poner- de aperitivo con zanahoria y crutones; o pue- n convertirse en tu *snack* entre horas predilecto.

BABA GANOUSH

Envuelve 2 berenjenas en papel de aluminio tadas con aceite y ásalas en el horno a 200 °C rante una hora y media.

Una vez asadas, cuando se enfríen un poco, ta el rabo y pica las berenjenas muy pequeñi- , casi que se hagan puré.

En un *bowl* mezcla las berenjenas, 6 cucharadas aceite, 3 cucharadas de jugo de limón, 2 cucha- las de tahini, 2 dientes de ajo rallados, 2 cu- raditas de miel, 1 cucharadita de sal y 1 cucha- lita de comino. Mezcla muy bien, para que se ulsione.

Guarda el *baba ganoush* en el refrigerador en recipiente hermético hasta una semana.

HUMMUS Y SUS VARIANTES

dejo la receta básica (pero infalible) del hum- s y luego ocho ideas para tunear este untable.

Tritura muy bien: 500 g de garbanzos cocidos, el o de un limón, 80 g de aceite de oliva extra vir- n, 50 g de tahini, 1 cucharadita y media de sal,) g del agua de cocción de los garbanzos, ½ cu- raradita de comino en polvo y un diente de ajo.

2. Decora el plato con aceite de oliva, paprika y ajonjolí tostado.

Además, puedes añadirle los siguientes ingredientes para hacer hummus de otros sabores:

- 100 g de remolacha cocida.
- 1 cucharadita de curri, una pizca de cayena molida, un trocito de jengibre fresco y 100 ml de leche de coco (en vez de agua). Decorar con cilantro picado.
- 100 g de pimientos morrones asados (caseros o de frasco), media cucharadita de paprika y una cucharadita de miel.
- 1 aguacate y media cucharadita de cayena molida.
- 100 g de jitomates deshidratados, una cucharada de orégano y otro diente de ajo.
- 100 g de aceitunas negras, un puñado de perejil. Decorar con un poco de queso feta, aceite de oliva y paprika.
- 100 g de calabaza asada, media cucharadita de nuez moscada. Decorar con pepitas de calabaza y aceite de oliva.
- 100 g de guisantes y 5 hojas de menta.

③ DE PIMIENTOS MORRONES Y NUECES

1. Tritura muy bien 275 g de pimientos morrones asados sin piel, caseros o en conserva (los pimientos rojos quedan perfectos), 75 g de nueces peladas, 4 cucharadas de aceite (30 g), 1 diente de ajo, 1 cucharadita de miel, ½ cucharadita de paprika, ½ cucharadita de comino y 1 cucharadita de sal.

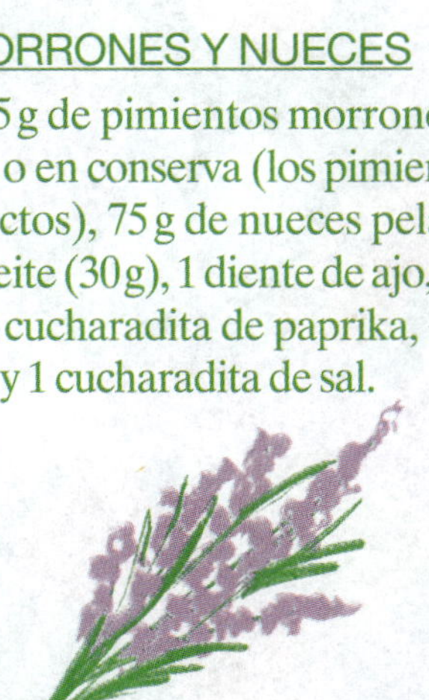

¡HASTA MUY PRONTO!

hasta aquí el desayuno en todas sus mejores versiones. a sido un placer acompañarte a lo largo de tus mañanas. speramos haberte ayudado a encontrar en las primeras oras del día un momento para ti y tu cuidado. El motivo e este libro es reunir lo que a nosotras nos llena de energía ganas al despertar: comida deliciosa y saludable, buena úsica, tranquilidad y mimos para una misma. Nos encantará r cómo estos capítulos se materializan en tu mesa o cómo mpartes las recetas con tus amigas.

uchas gracias por acompañarnos a lo largo de este proceso. s un honor que tengas entre tus manos nuestro primer libro. racias.

on todo el amor,

Claudia y Blasina

Podría vivir de desayuno jajaja
❤️

Y yo contigo por favor 👯‍♀️❤️❤️❤️

Jejeje soon jajaja tendríamos que hacer un libro de desayunos ilustrados 🤣🌈💔

Ayayay ❤️❤️❤️❤️ aunque sea un minirecetario!!!

Sería una idea genial eh!!

Siii rollo mini fanzine

Acabo de imaginármelo

Esto hay que hablarlo en cuanto vengas

☀️☀️☀️☀️☀️

Siiii qué guay yo también me estoy emocionando

Qué guay blasi🌈🌈🌈

Yo me imagino como un minilibro

Puede ser de desayunos o lo que quieras

Ilustrado bonito

Entre las dos puede salir algo muy guay!

Siii como un libro de tamaño d5

Siii y no se si las recetas ilustradas rollo paso a paso o con dibujos de los platos como si fueran fotos

O las dos cosas!

Jajajaja

En plan de los acabados o dibujos en la cocina o así

Ai que ilu

Jajajajaja

💖

Es precioso

ESTE LIBRO Y NOSOTRAS

Antes de conocernos las dos sabíamos del trabajo de la otr Claudia tenía el calendario y las láminas de Blasina colgadas Blasina cocinaba las recetas de Claudia en casa.

En un mercado de artesanía de Zaragoza nos pusimos cara p primera vez. Supimos que algo entre las dos funcionaba, un energía buena de esas que se notan desde el primer instante.

Después, mensajes, admiración mutua y un primer desayun juntas. En esa mesa aparecieron muchas cosas de las dos: pasió por desayunar; los domingos, música, arte, buen gusto, espacio pa el autocuidado, dedicación y amor al trabajo... y también aparec la idea de un primer proyecto donde unir todo eso.

Y aquí estamos ahora. Dos años después, con muchas horas trabajo encima, jornadas largas, días y días de sesiones de fot desayunando tres veces al día, todas las complicaciones q conlleva autoeditar un libro... Pero felices y orgullosas. Hem sacado este libro. Y acaba también en un desayuno.

MAÑANITAS:
Desayunos y rituales

CLAUDIA POLO

«SIEMPRE BAILO EN LA COCINA»

Soul in the Kitchen» es mi proyecto personal, en el que educo
1 una alimentación consciente a través de la creatividad y una
lación sana con nuestro cuerpo y ecosistema. La comida tiene el
oder de mejorar social y medioambientalmente nuestro entorno
somos las personas quienes tenemos que activarlo. El arte y la
úsica me acompañan en este proceso, en aprendizaje constante.

studié Gastronomía y Artes Culinarias y a lo largo de estos años
trabajado en comunicación gastronómica, como profesora de
ocina, en restaurantes y en un bosque sueco donde cocinábamos
1 hogueras junto a un lago. Me gusta hacer cosas con gente, tener
eas y llevarlas a cabo.

ada mañana hago estiramientos antes de lavarme la cara y
sayunar en piyama. Mi combinación de desayuno favorita es:
fé con leche con mucha espuma y un pan tostado con aguacate,
ievos revueltos y salsa *sriracha*.

BLASINA ROCHER

«DIRECTA AL LÁPIZ Y AL PAPEL»

omencé a dibujar a los 3 años, desde entonces he expresado i propia manera de ver el mundo a través de los pinceles. Es en Blasina Rocher», mi marca personal y pequeña empresa, donde omparto mis proyectos como este libro, agendas o ilustraciones n diferentes materiales, en los que la base de mi trabajo es el utocuidado y el bienestar con nosotras mismas.

reaciones nacidas de la dedicación y de manera autogestionada, ara poder transitar a tu lado en uno de los viajes más íntimos que odemos realizar, el viaje hacia nuestro interior.

li fuente de inspiración principal está en el reflejo de lo cotidiano, luz, las flores y el color.

ada mañana cuando me levanto voy directa al lápiz y al papel, espués pongo música y preparo el desayuno: un té y un pan tostado on aguacate y huevo, es mi momento favorito del día antes de mpezar a trabajar.

AGRADECIMIENTOS

A cada persona que apoya nuestro trabajo día tras día. Gracias de corazón.